Die Bille. Was sonst

FREUNDE DES SCHLOSSES REINBEK E.V.

Die Bille. Was sonst

Jan Peter Gehrckens
Michael Zapf

Eine Entdeckungsreise
von der Quelle
bis ins Herz Hamburgs

Ellert & Richter Verlag

Inhalt

Vorwort

Man kann sie ganz nüchtern betrachten, die Bille: 65 Kilometer lang, davon 42 Kilometer Verlauf auf schleswig-holsteinischem Gebiet, der Name vom slawischen biely, das mit „weiß" übersetzt wird. Sie durchfließt zwei Naturschutzgebiete, strömt nobel an gleich zwei Schlössern vorbei und, und, und – aber wozu die nüchternen Fakten? Man kann sie in ihrer Vielfalt auch so einfach wie hemmungslos lieben, in ihrer unaufdringlichen Art, in ihrer Schönheit und Widerborstigkeit. Bejubeln, dass sie sich immer wieder gegen alle Widrigkeiten und Baulichkeiten durchsetzt, sich so selbstbewusst wie pfiffig – auch wenn das einem Fluss kaum möglich zu sein scheint – das Fließen nie verbieten lässt. Elegant und räudig zugleich, glitzernd und trüb, mal pieselnd, mal mächtig, vor allem aber eins: niemals langweilig. Schon ihre Quelle zu erreichen, ist nicht ohne Umstände möglich. An der Burgruine Linau vorbei durch den ehemaligen Burggraben stapfen, dann an einem privaten Wirtschaftsweg entlang – Vorsicht zeitweilig heftiger Landmaschinenverkehr mit nur rudimentär ausgebildetem Gespür für kreuzende Passanten – zum Findling, der auf die Quelle hinweist. Dann ein paar Meter hinein ins Unterholz und schon steht man da: feuchter Matsch, leises Glucksen, nicht aufdringlich beeindruckend. Ein bisschen wie das Leben – die Sache selbst ist in Ordnung, es gibt eben nur falsche Erwartungen. Die Bille lässt sich schon auf unterschiedlichsten Wegen erwandern, erfahren und bestaunen, entdecken und – oft genug – einfach genießen.

Der Fotograf Michael Zapf ist gleichsam an ihren Ufern aufgewachsen und ihrem bildreichen Charme seit Jugendtagen verfallen, Autor Jan Peter Gehrckens fand über die Elbe zur berückendsten Nebensache Norddeutschlands. Denn das ist sie, die Bille. Die nur in einem Hamburger Evergreen gleichberechtigt neben den großen Schwestern Alster und Elbe steht: an de Alster, an de Elbe, an de Bill, dor kann jeder eener moken, wat he will. Der Hit von gelassener Toleranz bezieht die Bille mit Fug und Recht ein, an ihren Ufern findet zusammen, was per se erst einmal getrennt erscheint, sie steht für die Großstadt als melting pot. Lassen Sie sich treiben, mitnehmen und verführen vom unbekannten Fluss im Norden – es ist die Sache allemal wert, Bille – was sonst ...

Glucksender Auftakt

Raubritter, Bioäpfel und ein Hauch von Schweiz

Sehenswürdigkeit? Reiseziel gar? Die Bille doch nicht. Sie ist die, die erst auf den zweiten Blick gewinnen kann, vorausgesetzt, der erste wird ihr überhaupt gegönnt. Ganz anders als Elbe und Alster, von denen nicht gesprochen, sondern in den höchsten Tönen geschwärmt wird. Von Blicken, Zauber und Stimmungen ist da die Rede, von Sehnsucht, Schönheit, Poesie, von Abenteuer und Nächten, die im Morgen unvergesslich verglühen.

Die Bille bleibt außen vor. Kein Zauber, keine Schönheit, kein Reiz, erst recht kein Abenteuer. Dabei birgt sie das alles, ist Großstadtfluss und Landidyll, rotzige bitch und höhere Tochter, vereint Schlösserromantik, Burgen, großbürgerliche Villen und verrotteten Sozialbau an ihren Ufern, Bioanbau und Industriebrache, Kunstbunker und Raveschuppen, Gastronomieperlen und Pommesbuden, Forellenzucht und Schönheitsfarmen. Sie ist kapriziös, unterhaltsam, vielseitig, wird kanalisiert, unterdrückt und lässt sich doch nicht unterkriegen. Sie ist widerstandsfähig, unberechenbar, bietet eine Welt für sich, durchfließt alle sozialen Schichten und historischen Ebenen, die Norddeutschland und Hamburg prägen und prägten.

Die Bille ist Zeugin von Veränderungen und ändert sich doch permanent auch selbst – nicht immer glücklich – sogar bis zum

Der Stein der Erkenntnis: Zwanzig Meter weiter gluckst und gluckert das erste Billewasser im Schutz des Buschwerks ans Tageslicht, die Geburt eines Flusses an der Ruine der Linauer Burg.

Verschwinden, wie sich vor den Toren Bergedorfs zeigt. Sie bietet Entdeckungen und Skurrilitäten, Wanderlust, stilles Innehalten, Stromschnellen für Kanuten, zauberhafte Flussromantik, Gelegenheit zum Ab- und Auftauchen, kurz, es lohnt, die ewig Unterschätzte zu erkunden. Dafür ist dieser Führer gedacht, der sich der Lust am Erfahren widmet, an Waldeinsamkeit und an Gewimmel, am schönen Blick und schräger Erkenntnis. Kein Denkmal für den Fluss, sondern lebendige Uferstreifzüge mit Seitensprüngen zu Fuß und mit dem Rad, darum soll es gehen.

Linau hat 1260 Einwohner, liegt 66 Meter über dem Meeresspiegel und ist stolz auf zwei Attraktionen, die durch ein gut geöltes Drehkreuz zu erreichen sind: die Reste der Burg Linau aus dem dreizehnten Jahrhundert und die Billequelle. Drei Meter dick waren die Mauern des Bergfrieds. Ein gewaltiges Massiv aus Findlingen, das mit Kalk aus Bad Segeberg – ja, dem Kalkbergfelsen, auf dem alljährlich der Wilde Westen seine Wiederauferstehung bei den Karl-May-Festspielen feiert – verfugt wurde. Stolze 3,5 Meter hoch war die Anhöhe, auf der die mittelalterliche Burg gelegen war, 9 Meter noch einmal der Turm, der einen strategisch wichtigen weiten Blick ins Land zuließ. Auf drei Hügeln wurde die Burganlage errichtet, die für Schleswig-Holstein absoluten Ausnahmecharakter hat, denn normalerweise waren Burgen nach dem Typ „Château à Motte“ mit einem Holzturm ausgestattet, von dem über die Jahrhunderte natürlich keinerlei Spuren erhalten bleiben konnten.

Die kaum einen Steinwurf entfernte Billequelle stand zumindest mit dem Burggraben in Verbindung. Um ihn zu speisen, war das Rinnsal hier noch nicht groß genug. Die Burg-Fachleute sprechen von einer Turmhügelburg, das ist eine der äußerst raren Ruinen mittelalterlicher Steinburgen in Schleswig-Holstein. Die Interessengemeinschaft Burg Linau hat mit großem Engagement, der Hilfe des Archäologischen Landesamts, des Denkmalschutzes, Sponsorengeldern sowie EU-Mitteln die Reste so aufwendig wie liebevoll restauriert, sodass ein ausgesprochen lebendiger und historisch verbürgter Eindruck von der mittelalterlichen Szenerie entsteht.

Raubritter sollen die hier ansässigen Scharpenbergs oder Scharffenbergs gewesen sein, die den florierenden Handel auf der Straße zwischen Hamburg und Lübeck von ihrem „Räubernest“ aus nicht nur beobachteten, sondern den Warenstrom oder Gelder geschickt in ihre Mauern umzulenken wussten.

Ist der Ruf erst ruiniert: sehenswerte letzte Spuren der angeblichen Raubritter von Scharffenberg. Die restaurierte Burgruine von Linau – drei Meter dicke Burgfriedmauerreste für die Ewigkeit

1291 reichte es wendischen Fürsten und den Herzögen von Lauenburg, sie zwangen die Scharffenbergs dazu, ihre Burg höchstselbst zu schleifen. Nach Vollzug der Schleifung errichteten die Ritter nicht faul eine neue steinerne Burg direkt an gleichem Ort. Von ihr stammen die eindrucksvollen Ruinen hier.

Grabungsfunde 2018 haben erwiesen, dass die neue Burg tatsächlich direkt auf den Resten der alten errichtet wurde. Mehrfach wurde diese Scharffenbergsche Burg vergeblich angegriffen, erst 1349 gelang es, die Burgherren endgültig zu vertreiben und ihre Burg nach wochenlanger Belagerung dem Erdboden gleich zu machen. Ein Heer von 1500 Hamburger und Lübecker Soldaten vereinte sich dazu mit den 1000 Mann zählenden Truppen von Holsteinischen Grafen. 1500 Mann stürmten und zerstörten die Festung, Hamburg stellte zudem als gröbere Abrissinstrumente eine „Bilde“, mit der sich von einem Bogen Steinkugeln schleudern ließen, sowie ein „driwen werck“, eine gigantische Armbrust, mittels der das Gemäuer mit Stangen und Balken beschossen wurde. Die Geräte taten ihre zerstörerische Wirkung, die Wucht lässt sich angesichts der Ruinen lebhaft nachempfinden.

Wie raubritterlich die Scharpenbergs tatsächlich waren, ist umstritten, der Gemüsegarten und die Wirtschaftsgebäude im Burgbereich lassen nicht unbedingt darauf schließen; Heyno von Scharffenberg war zudem Berater des dänischen König Adolph, auch kein normaler Posten für einen Raubritter. Vielleicht passte den Lübecker und Hamburger Kaufleuten die Erhebung von Wegzoll durch die Scharffenbergs nicht. Auch ist vor der Vernichtung von 1349 die Rede von offenen Schulden gegenüber den Scharffenbergs, woraufhin Streitigkeiten mit Hamburgern im Rahmen der juristisch einwandfreien Fehde folgten.

Jürgen Griese ist ein hochgewachsener Mann und Bürgermeister von Linau. Nicht ohne Stolz steht er vor den Burgüberresten auf den Hügeln, denn er ist auch Vorsitzender der Interessengemeinschaft Burg Linau. Dass deren hügelige Überbleibsel die Menschen anziehen, freut ihn in der stillen Art eines typischen Norddeutschen: keine großen Worte, es lichtert einfach so über das Gesicht. Dass zu den Burgbesuchern auch etliche Crossradfahrer zählen, die die „Höhenlage" von Linaus ehemaliger Festung sportlich nutzen, gefiel ihm nicht und so wurde auch hier, ohne allzu viele Worte, mit Hilfe des geölten Drehkreuzes Abhilfe geschaffen vor den „Raubradlern", die die allerletzten Burgruinen nochmals zu schleifen drohten. Ansonsten empfiehlt sich das umliegende Terrain sehr für Geländeradler.

Der Billequelle können sie sich allerdings nur zu Fuß nähern, denn der Zugang liegt hinter der Burgruine. Über den ehemals gewiss stolzen Burggraben, durch die feuchte Niederung, durch den Zaun zur Straße für Traktoren und Landmaschinen – Vorsicht, Privatstraße, die Landwirtschaft trödelt hier keineswegs in seliger norddeutscher Gelassenheit! – rechts, knapp hundert Meter entfernt, liegt der Billequellenstein, ein großer Feldstein mit Inschrift. Ein paar Meter in den Wald hinein und dann – ja, sprudeln lässt es sich kaum nennen, es gluckst leise, kaum hörbar und bescheiden unter den Rotbuchen. Die Sonnenstrahlen tanzen über die nasse Senke hinweg und nachts kommen gern Wildschweine, um sich in der Quelle zu suhlen.

Doch jedem Anfang wohnt ein Zauber inne, das sei auch hier gesetzt, wo die Bille fast beiläufig und unaufgeregt entspringt. Eine Stätte großer Gelassenheit ist die Quelle, deren Umfeld Privatgelände ist, von daher bleibt es beim Besuch des Ortes selbst, weiteres Herumstreifen verbietet hier schon die Höflichkeit. Kormorane und Fischreiher, wo man hinschaut. Ihr reiches Vorhandensein deutet darauf hin: Linau hat eine lange Tradition als Fischerdorf. Der Ortsname bedeutet ursprünglich „Sied-

Fernseherprobt bei Büttenwarder: die „Friesenbank“ aus der NDR-Landeierserie bei der ersten Billebrücke an der Straße nach Koberg: den Fluss im Rücken, die Landschaft im Blick, bitte Platz nehmen.

lung bei den Schleien“. Fischteich an Fischteich findet sich hier – noch aber speist die Bille sie nicht.

Was die eigene Erfrischung angeht, so gibt es das backsteinerne Traditionsgasthaus mit dem kaum überraschenden Namen „Zur Billequelle“, eher eine Schankwirtschaft als Ort kulinarischer Überraschungen – Bratkartoffeln und Bier oder Bier und Bratkartoffeln, je nach Wochentag – und die „Taverna Marina“, den ortsansässigen Griechen, dem die Ehefrau von Besitzer Makedon Akonamidis den Namen lieh. „Ein Hauch von Griechenland in Linau“ verspricht das Familienrestaurant, Spezialitäten in oder außer Haus sind Grillspeisen wie der „Linau-Spieß“, Lammgerichte und Spaghettivariationen al Makedon – mit Knoblauchtomatensauce und Garnelen oder à la Namensgeberin Marina mit Spinat in Gorgonzolasauce, paneuropäische Mischung an geschichtsträchtigem Ort. Reell, wie man im Norden so sagt.

Auf dem Hof von Bürgermeister Griese findet sich ein originelles Landmuseum, das klar sagt, worum es hier geht: „Vun Huss un Hoff" ist das Motto, das auch den Quiddjes von außerhalb verständlich sein dürfte: von Haus und Hof. Maschinen, Geräte, Werkzeuge, Pütt un Pann sind da im ehemaligen Stall der Grieses zusammengetragen worden, unter dem schweißtreibenden Einsatz der Linauer Oldtimer Gemeinschaft: „Rutkloppen, glatt putzen, mal'n un witschern und jümmers wedder feg'n, un nochmal feg'n." Die urige Sammlung von Dachboden- und Scheunenfunden ist eine kleine Reise in die Zeit, als die Gärten noch nicht unter dem Diktat der drei großen „R" standen: Rosen, Rasen, Rhododendron, sondern der Versorgung mit Wurzeln, Kartoffeln, Sellerie und Radieschen dienten. Die Zeit vor Fernsehen und Hightech, als Handarbeit noch unumgänglich war. Einmal auf dem Griesehof zusammengetragen, konnte man die Sachen auch gleich ausstellen – Pragmatismus, der alle Seiten glücklich macht. Abgerundet wird die Sammlung durch Fossilien aus der Region und den 1,6 Milliarden Jahre alten Findling „Alter Schwede" vor dem Museum.

Das Moor rund um Linau speist die Bille mit Wasser, als Flussschönheit lässt sie sich da noch nicht beschreiben, aber als Gewässer geht sie durch und wird nach etwa eineinhalb Kilometern entlang der Hauptstraße Richtung Koberg an dem Punkt, den Googlemaps „Haltestelle Friesenbank Büttenwarder" nennt – NDR-Zuschauer horchen auf: Das gibt es wirklich? Doch davon später mehr –, von ihrer ersten Brücke überspannt. Keine kühn geschwungene Pracht, sondern eine profane Nutzangelegenheit auf Feldsteinpfeilern ist diese erste Billequerung, der noch etliche folgen sollen, mal mehr, mal weniger pittoresk und originell benannt. Neben der Brü-

Mehr Landidyll geht kaum: die alte Vogelfängerkatenscheune mit Verkauf, Hofcafé und selbstgemachten Torten der Extraklasse an der Straße, die sagt, wo man ist: Hohenfelder Vogelfängerkaten.

cke steht eine Bank – tatsächlich eine Friesenbank, der Norden hält schließlich, was er verspricht –, von der aus sich die Landschaft rundum wunderbar betrachten lässt, ein Punkt innerer Einkehr in einem Gebiet, das sich mit dem Fahrrad bestens erkunden lässt.

Weiter an der „Alten Bille" entlang, die hier schnurgerade verläuft, dann die erste Möglichkeit rechts nehmen und an der nächsten Kreuzung weiter rechts halten, schon gelangt man auf die Straße Hohenfelder Vogelfängerkaten, ein paar Schritte oder Pedaltritte nach links und schon liegt da der Hof, der die Straße benennt: Vogelfängerkaten. Auf Mozarts Vogelfängerfantasiefigur Papageno aus der „Zauberflöte" pfeift die Anlage: Hier geht es nicht um große Oper, Schauspiel oder Kunstwerk, hier werden die Dinge nur beim Namen genannt. Früher war das Gehöft die Wohnstätte, die „Kate“, für Vogelfänger, die die gräflichen Fischteiche von Lufträubern frei halten sollten – der Name ist geblieben, der Hof hat sich verändert, reines Demeterobst wird hier heute angebaut. Der Hofherr hat aus seiner Leidenschaft für Äpfel eine neue Lebensaufgabe gemacht.

Als ehemaliger Banker wählte Harald Quint statt Ruhestand das Landleben und bald darauf, nicht gänzlich freiwillig, auch die Landwirtschaft. Der partnerschaftlich besessene Hof brauchte nach Meinungsverschiedenheiten über seine Zukunft einen Landwirt, der den Kurs bestimmen würde, und Harald Quint übernahm den Job. 2007 begann er seine ersten Bio-Apfelbäume anzupflanzen, seit 2015 bewirtschaftet er den Hof nach strengen Demeterregeln gemeinsam mit Ehefrau Bianca. „Landwirtschaft für Mensch und Natur“, steht an der Haustür, das heißt Tag um Tag

Vogelfängerkaten: Biohof mit Stil.
Über hundert Apfelsorten reifen hier an der Alten Bille – Attraktion für Mensch und Tier.

Morgenzauber und Waldweben in der Hahnheide – dem „Erbe der Eiszeit". 1500 Hektar Entdeckungen auf den Wegen in einem der ältesten Naturschutzgebiete Schleswig-Holsteins

harter Arbeitseinsatz für das Ehepaar Quint: „ Jeder Tag bringt uns der Vollendung näher", sagen sie, „aber wirklich nur näher."

Schöne Impressionen für Besucher bietet ihr ländliches Tun allemal: Landleben wie aus dem Bilderbuch. Rosenranken an der historischen Backsteinscheune mit dem charmant gealterten Fachwerk, buckeliges Kopfsteinpflaster auf dem Platz des 14 Hektar großen Betriebs. Wohlgenährte Gänse schnattern am Teich, fröhlich und unbeschwert, bis kurz vorm Weihnachtsfest, Schafe finden ihren Weidefrieden und Hähne hüten ihre Hühnerschar im Freilaufgehege. Legehennen tun das, was ihnen am meisten liegt, futtern und Eier legen. Zwei muntere Turopolje-Schweine freuen sich darüber, hier wohlbehütet dem Aussterben ihrer Rasse trotzen zu dürfen.

Der nächste Halt muss das Paradies sein. Weite Streuobstwiesen und endlose Reihen von üppig tragenden Apfelbäumen, die im Gegensatz zum Garten Eden aber wohlgeordnet dastehen: Über einhundert Sorten sind es, vom Seestermüher Zitronenapfel bis zum Glockenapfel und dem Gelben Richard. 220 Tonnen Ernte fallen pro Jahr an. Zwetschgen, Blaubeeren, Himbeeren werden ebenfalls angepflanzt, köstliche Birnen nicht zu vergessen, allesamt arbeitszeitteilig bestäubt durch eigens angesiedelte Wildbienenstämme, die Gehörnte und die Rote Mauerbiene. Die Gehörnte Mauerbiene bestäubt Pflaumen und frühblühende Äpfel bis Ende April, die Rote Mauerbiene übernimmt dann im Flug die Schicht bis Ende Mai. Honigbienen unterstützen die Wildbienen, damit auch Apfelblütenhonig entsteht.

Insekten aller Art sind im Vogelfängerkatenökotop heimisch geworden, Feldspatzen, Rebhühner und Fasane fühlen sich zuhaus. So sollen es auch die Besucher, die im Hofcafé die leckeren Obsttorten von Bianca Quint zu Cappuccino und hofeigenem Most verdrücken können: das Jahr über jeden ersten Sonntag im Monat von 14-17 Uhr, von August bis Oktober dann jeden Sonntag. Der Hofladen, der all die Bioköstlichkeiten von Marmelade bis zu Obstbränden, von Eiern, Geflügel, Wildspezialitäten aus der Region und der Spezialität „Newdels“, Nudeln mit 30% Eianteil, feilbietet, ist jeden Samstag von 10-14 Uhr geöffnet.

Der Weg führt via Hohenfelde Vogelfängerkaten weiter nach Hohenfelde, das nicht nur die kleinste, sondern auch die jüngste Gemeinde Stormarns ist – 1822 von Siedlern aus dem nahen Hamfelde und dem kaum weiter entfernten Trittau gegründet, die das Abenteuer und ein neues Leben suchten, ohne die alte Heimat gleich gänzlich aus dem Auge verlieren zu wollen. Das Wappen von Hohenfelde zeigt einen Wellenbalken, der für die Bille steht, eine Korngabe und zwölf Sterne, die das Europazei-

chen und damit dessen Werte zitieren: Einheit, Solidarität und Harmonie. Bei siebzig Einwohnern muss und sollte das keine Utopie bleiben.

Straßennamen gibt es hier nicht, die Adressen bestehen nur aus der Hausnummer. Man kennt sich schließlich und wo „Stahmers Landgasthof" – Haus 6 – liegt, ist nicht zu übersehen. Für seine bodenständigen Köstlichkeiten ist das Haus berühmt und vom Besseresser-Magazin „Mohltied" ausgezeichnet worden. „Holsteiner Mehlbüddel", „Himmel und Erde", Sauerbraten, Bratkartoffeln, Kassler, Gänse- und Entenbraten, eingemachten Hering oder schlicht herzhaftes Bauernfrühstück aus der Region zu bürgerlichen Preisen serviert das Wirtspaar Katja und Jan Löwel. Auf Anfrage gibt es auch Leibspeisen nach Wunsch in den zwei Gaststuben oder auf der großen Tenne. Die Löwels sind nach Hohenfelde gezogen, um den Traditionsgasthof zu betreiben, dessen Schanklizenz Hans Timm Christian

Stahmer 1834 als Ausgleich und Trost für den kleinsten Hof Hohenfeldes bekam, die Einrichtung der Poststelle durfte er dann auch gleich übernehmen, zu viel Zeit für die Landarbeit brauchte er ja nicht. Poststelle und Gasthof blieben, Letzterer lohnt allemal den Besuch.

Stärkung lässt sich gut gebrauchen für den Aufbruch in das Naturschutzgebiet Hahnheide, das auf knapp 1500 Hektar direkt am Gasthofparkplatz beginnt. Eine historische Straße führt hindurch nach Trittau: Der fünf Kilometer lange und denkmalgeschützte Hohenfelder Damm wurde im 18. Jahrhundert angelegt und ist mittig geteilt in die Pflasterstraße, den „Winterweg", und die – teils auch unbefestigte – Sandstrecke, den

Kleinster Hof und große Gastlichkeit:
Stahmers Landgasthof in Hohenfelde bietet feine Köstlichkeiten der Region.

sogenannten „Sommerweg“. Für Autos ist der Damm nicht gesperrt, das Tempo allerdings diktiert das Pflaster, Radarfallen sind hier kaum nötig. Als Fuß- und Fahrradweg taugt die Fahrbahn in jedem Fall.

Mehrere Wanderwege, kleine Pfade und breite Wirtschaftswege durchziehen das erstaunlich hügelige Gebiet, eine Moränenlandschaft, Erbe der Eiszeit, die große Geröllmassen zu Erhebungen zusammenschob und jeden Schritt in der Hahnheide heute abwechslungsreich macht. Täler und Senken mit Höhenlagen zwischen 60 und 100 Metern gibt es da, von wegen platter Norden – einfach wanderbar!

Hahnheide steht ursprünglich auch mitnichten für reiches Federviehvorkommen, sondern für „hohe Heide“, wobei die Höhe stimmt, die Heide aber eher täuscht. Buchen- und Auenwald, Kiefern und Fichten finden sich stattdessen hier, durchsetzt mit Feuchtbiotopen und Seen, ehemaligen Fischteichen, Mooren und Bachläufen von versponnener Schönheit. Etwa ein Fünftel des Gebiets ist Naturwald, eine Fläche, die sich gänzlich selbst überlassen ist, frei von jedem menschlichen Eingriff. Viele seltene Tierarten finden hier ihr ideales und ungestörtes Habitat, ob Kammmolch, Uhu oder Fledermaus. Zwergschnäpper, Schwarz- und Mittelspechte, Rotmilane, Schwarzstörche und Kraniche tummeln sich in den Lüften.

Die Hahnheide ist eines der ältesten Naturschutzgebiete Schleswig-Holsteins, das – so kurios es klingen mag – 1938 unter Schutz gestellt wurde, um die Ansiedlung eines Rüstungsbetriebes zu verhindern. Dahinter stand wohl nicht etwa überbordender Friedenswille in Nazideutschland, sondern angeblich die Jagdlust von Reichsforstmeister Hermann Göring, der in der

Der „Lange Otto“ auf dem Großen Hahnheider Berg (99 m Höhe) –
125 Stufen für den Überblick aus 26 Metern lichter Turmhöhe.
Vom Naturwald der Hahnheide reicht der Blick bis weit hinein nach Hamburg.

Hahnheide weiterhin kapitale Hirsche erlegen wollte, eine militärische Anlage hätte das Revier zerstört.

Der Naturwald ist einfach zu erreichen – ein Wanderparkplatz findet sich etwa fünfhundert Meter entfernt vom Landgasthof, am Beginn des Hohenfelder Damms. Viele begehenswerte Rundwege verschiedenster Länge und Bequemlichkeit führen durch die Hahnheide, ausgewiesen durch aufgemalte Nummern an den Bäumen. Es geht durch tiefe Buchenwälder – ideale Ausflugszeit ist der Mai, wenn die Bäume ausschlagen, oder der Oktober, wenn sie in den schönsten Herbstfarben schillern. Entlang an ursprünglichen Bachläufen, Moose, Farne, Schachtelhalme ringsum.

An kleinen Ruhestellen mangelt es nicht, die bekannteste ist wohl die „Siebensternbank". Ort und Bank tragen den Namen, weil sich hier gleich sieben Wege sternenförmig treffen. Der Weg rechterhand führt weiter bis zur Friedensbank – deren Name sich leider nicht ganz so konkret belegen lässt. Von hier aus genießt man einen feinen Überblick über den Naturwald; er lässt erahnen, wie die Urwälder Schleswig-Holsteins einst ausgesehen haben mögen. Über den Hohenfelder Damm und den empfehlenswerten Rundweg 28 gelangt man zum Hahnheider Holzturm, dem „Langen Otto". Ein Trittauer Bürgermeister durfte mit seinem Vornamen Pate stehen. Für Autofahrer gibt es auch hier einen Parkplatz in unmittelbarer Nähe. Auf dem Gipfel des Großen Hahnheider Berges, der mit 99 Metern Höhe seinem Namen alle Ehre macht, erhebt sich der „Lange Otto": 26 Turmmeter, die über 125 Stufen erklommen sein wollen: Dann allerdings genießt man von der Turmplattform aus einen atemberaubenden Blick über die Hahnheide und die

Auch eine deutsche Teilung in einer der kleinsten Gemeinden der Republik: Köthel mit der Alten Bille, dem Grenzfluss zwischen Stormarn und Lauenburg, von West nach Ost gesehen

Stormarnsche Schweiz, wie die Gegend tourismusförderlich gern genannt wird.

Die Hamfelder Mühle entdeckt der schweifende Blick und bei gutem Wetter lässt sich hinter Trittau sogar Hamburg erspähen, was die Welt auf eigene Art zurechtrückt – die Hahnheide als deren natürlichen Mittelpunkt zu erfahren, ist allein schon Weg und Aufstieg wert.

Wenn man je wieder absteigen mag, findet sich gut zweihundert Meter weiter der Gedenkstein für den Wildhüter Johan Daniel von Jüssa aus Köthel (1785–1859) mit der kryptischen Inschrift: „Do schlog ick en Zirkel und verblenn em dat Verhältnis" – dahinter verbirgt sich schlicht die Erklärung eines erfahrenen Waidmannes, dass man sich Wild nur von der dem Wind entgegengesetzten Seite nähern solle, um dann seinen Schuss anzusetzen, nur dann nämlich kann es den Jäger nicht wittern.

Der gebräuchliche Name „Jüssa" müsse eigentlich „Jossau" heißen, hat der Kraftfahrer und Kötheler Chronist Andreas Knaack in gut zweijähriger Recherche herausfinden können, fake news in Stein gehauen, weit vor allen Twittereien der Gegenwart.

Den Stormarner Erfahrungsschatz rundet der mittelbeschwerliche Weg zum Kleinen Hahnheider Berg ab, der ist lustigerweise einen Meter höher als der Große, ihm fehlt aber der Gipfel und damit wohl das, was den Berg letztlich auch für Norddeutschland zum Berg macht – dafür ist er aber einer der nur acht im dreistelligen Meterbereich hohen Berge in ganz Schleswig-Holstein – wie Erhebungen ergaben.

Der Weg weiter an der Alten Bille entlang führt nach Köthel, der Heimatort des eben erwähnten Wildhüters Jüssa oder Jossau. Und auch hier erweist sich, dass Attraktionen nicht unbedingt durch Größe auffallen müssen: Köthel ist eine der flächenkleinsten Gemeinden Deutschlands und ist wie einst Berlin und Deutschland geteilt: Hier allerdings gibt die Bille den Grenzfluss ab, genauer die Alte Bille, die fein säuberlich den stormarnschen Köthelteil vom lauenburgischen trennt. Jeder für sich bildet selbstverständlich zudem eine eigene Gemeinde, ein Schicksal, das Köthel mit dem nahen Hamfelde teilt.

Seit 1230 gibt es das Dorf, in dem sich zu Beginn des 13. Jahrhunderts das Kloster Reinbek ansiedelte und auch gleich seinen Namen mitbrachte. Aus Köthel wurde Reinbek, bis das Kloster nach zwei Jahren in das heutige Reinbek verlegt wurde und den Namen wiederum mitnahm. Köthel konnte wieder Köthel werden, Reinbek darf bis heute Reinbek bleiben. Köthel blieb geeint im Besitz des Klosters bis 1529, dann fiel im Zuge der Reformation der südlich der Bille gelegene Teil an Magnus von Lauenburg. Die Teilung war vollzogen und besteht mit dem Grenzfluss Bille bis auf den heutigen Tag. Auf Tradition kann man sich hoch im Norden verlassen.

Schmucker Galerieholländer im Zeitwandel: die Hamfelder Mühle – erst gab es Mehl, dann feine Speisen, jetzt ist sie zur Kaffeerösterei geworden. Der Attraktivität tut's keinen Abbruch.

Als Sehenswürdigkeit gilt die Franzosenbrücke – so genannt, weil aus der Zeit der französischen Besatzung durch napoleonische Truppen (1806–1813), die nicht nur baulich, sondern auch sprachlich durchaus ihre Spuren hinterlassen haben, wie das schöne Wort „Fisimatenten“ beweisen soll. Für Umstände und überflüssige Handlungen stehen die „Fisimatenten“, die sich durch die Aufforderung der Besatzer an die deutschen Mädchen „Visitez ma tente“ – besuchen Sie doch mein Zelt – erklären lassen sollen, so heißt es zumindest.

Der „Dörpskroog“ führt da eher norddeutsche Direktheit im Namen und auf der Karte: deftig schmackhaft sowie preiswert sind die Gerichte hier – die Speisekarte verzeichnet abgesehen von Lachs und Roastbeef kaum ein Gericht über zehn Euro – der Krug mit Außenterrasse ist allemal die Einkehr wert, um Kraft für weitere Billeerkundung zu sammeln.

Die Bille schwillt ab Köthel weiter an: Etliche kleine Bäche hat sie bereits aufgenommen, die Schiebenitz und die Teufelsbek münden in unseren Fluss, der nun zum respektablen, von Raps- und Getreidefeldern gesäumten Wasserlauf geworden ist. Auf dem guten Fahrradweg lässt sie sich bestens und stets im Blick begleiten.

Die Hermann Jülich Werksgemeinschaft liegt kurz nach Köthel am Wege, hier leben und arbeiten seit vierzig Jahren Erwachsene mit mehrfachen Behinderungen zusammen mit ihren Betreuern. In der Papier- und Kräuterwerkstatt werden Notizbücher, Tees, Trockenobst und getrocknete Kräuter angeboten.

Das Landgut Hamfelde, das den Norden mit Biomilch versorgt, liegt gleich um die Ecke, zwischen Dorfstraße und Bille.

Im Höfeladen direkt bei der Meierei lassen sich Demeterprodukte und ökologisch erzeugte Nahrungsmittel, wie köstliche Käsesorten, erstehen oder auch gleich im Bistro verzehren, je nach Wetterlage und Jahreszeit am Kamin oder auf der Sonnenterrasse.

Auch Hamfelde ist seit der Reformation geteilt in die stormansche und lauenburgische Hälfte. Auf der lauenburgischen Seite lockt eine Windmühle von 1876 als Ziel, genauer gesagt ein Galerieholländer. Die Galerie um die Mühle herum war nötig, um die Flügel, die Bremse oder den „Stert" zu erreichen. Bis 1953 wurde hier das Getreide der umliegenden Höfe gemahlen, dann wurde die Mühle mit den liebesroten Flügeln zum Hotspot für Brautpaare mit eigener Außenstelle des Standesamts in der Müllerstube – jetzt übernimmt eine Kaffeerösterei den Traditionsnutzbau.

Der Gasthof Hamester im benachbarten Basthorst genießt einen exzellenten Ruf bei Feinschmeckern und Hochzeitsgesellschaften – für über tausend Hochzeiten wurde hier bereits üppig aufgetischt.

Dass in den Billeniederungen rund um Hamfelde bestens Störche zu beobachten sind, sei in diesem Zusammenhang nur am Rande erwähnt. Neben dem Galerieholländer existierte in Hamfelde eine Wassermühle, die lange als Kupfermühle betrieben wurde und Geldstücke prägte. Nach der Aufgabe des Mühlenbetriebs errichtete ein Hamburger Kaufmann auf dem Areal ein Landhaus, dessen weitläufiger Garten als Hamfelder Park berühmt und vielbesucht wurde. Der große Reeder, Erfinder des Kreuzfahrtwesens und Generaldirektor der Hapag, Albert Ballin, erstand das Gelände 1906 und ließ das Herrenhaus von Fritz Höger, dem Architekten des Hamburger Chilehauses, nach seinem Gusto umbauen – als repräsentatives Refugium mit weitem Blick über das Billetal. Hier empfing er namhafte Politiker und Gäste aus aller Welt, die Bille, fast der Nabel der Welt, schnupperte Weltgeschichte. Nach Ballins Tod 1919 beherbergte die Villa im Park jahrelang ein Kinderheim, heute ist

der Prachtbau in Privatbesitz und leider unzugänglich. Die Teiche der ehemaligen Kupfermühle sind aber immer noch vorhanden und fließen zur Bille ab.

Vom Mühlenteich nur dreieinhalb Kilometer entfernt erreicht man über die Mühlenstraße auf leichter Rad- oder Wanderstrecke das Gut Basthorst.

Familiengeführt in mittlerweile 13. Generation und ein Ort nahezu himmlischer Ruhe im wahren Sinne des Wortes, denn Handyempfang ist kaum möglich in diesem prachtvollen Backstein-Kulturdenkmal. Um 1750 ist das Herrenhaus entstanden, das seither immer wieder den Moden und Bedürfnissen der Zeit entsprechend umgebaut wurde, heute zeigt es sich als beeindruckender dreiflügeliger Fachwerkbau mit mächtigen Dachgau-

Gut mit großem Charmefaktor, Eventqualität und hoher Anziehungskraft seit dem Dreißigjährigen Krieg für Truppen wie für Gäste: Basthorst

ben. Von hier aus verwalteten früher drei Vögte die umliegenden Dörfer und sprachen Recht.

Das Speichergebäude stammt von 1771, heute wird dort Aktenwissen in den Büros gehortet, die Scheune wurde 1862 erbaut. Norddeutsch ist das Gut seit fast 750 Jahren: „1278“ steht auf den Findlingen an den beiden Zuwegen, es ist das Jahr der ersten urkundlichen Erwähnung. Eine Burg war Basthorst ursprünglich, zu der die umgebende Hahnheide gehörte. Auch wenn hier nicht eben Weltgeschichte oder zumindest Regionalhistorie geschrieben wurde, war Basthorst einer der größten Rittersitze Lauenburgs. 1554 wurden die Ländereien geteilt, um zwei Söhne erblich zu versorgen, damit schlidderte das Gut fast in die Pleite: 24 Kinder stritten letztlich um ihren Anteil.

St. Marien zu Basthorst, gleich vor dem Gutseingang. Lichtdurchflutet der Sakralbau mit dem marmornen Altar, schattig die Grabstätten der ehemaligen Herren von Basthorst auf dem Kirchhof

Die Silvesterfeierlichkeiten von 1614 auf 1615 brachten eine weitaus kleinere Eigentumsauseinandersetzung mit sich: Der Gutsherr war wohlig angefüllt mit besten Neujahrsgedanken und geistigen Getränken und stürzte samt Kutscher, Kutsche und Pferden in die Bille, aus der er von Anwohnern gerettet wurde. Kutsche und Pferde wollten die Retter in schöner Selbstverständlichkeit vereinnahmen, denn traditionell galt, was immer aus der Bille kam, als Strandgut. Nach Jahren einigte man sich auf die salomonische Teilung zwischen Pferden und Kutsche für Retter und Geretteten.

Im Dreißigjährigen Krieg wurde das Gut okkupiert, mit Bastionen und einem Burggraben ausgebaut, der teilweise auch heute noch sichtbar ist und Wasser führt. 1648 kaufte Peter von Uffeln das Anwesen. Der niederländische Kaufmann setzte durch, dass Basthorst zum sogenannten Kunkel-Lehen wurde, dass das Gut also auch in weiblicher Erbfolge weitergegeben werden konnte, auf schleswig-holsteinischen Gütern eine absolute Rarität. Der Begriff kommt aus der Garnspinnerei, die traditionell von Frauen betrieben wurde: Als Kunkel bezeichnet man den Stab, auf dem beim Spinnen die noch ungesponnenen Fasern befestigt werden.

600 Hektar Land, 30 Gebäude. Basthorst ist heute ein stattliches Gut, das sich vom rein landwirtschaftlichen Betrieb zu einem Multitaskingcenter entwickelt hat. Ort für Messen, Events, Märkte, für Tagungen, Workshops und dazu gehörige Feiern. Hotel und immer wieder gebuchter Platz für Klausurtagungen von Politikern. Jeden Donnerstag findet ein Hofmarkt mit Erzeugnissen der Region statt sowie jahreszeitlich bedingte Märkte bis hin zum berühmten Weihnachtsmarkt, der längst zur weithin bekannten Attraktion geworden ist.

Manchmal findet Basthorst auch den Weg in die Yellow Press, Sängerin Vicky Leandros war bis 2005 Gattin des bisherigen Haus- und Hofherrn Freiherr Enno von Ruffin. Beider Tochter Milana schmeißt jetzt als Gutsherrin den Laden. 50 Mitarbeitende und vier Auszubildende sind ihre tatkräftige Unterstützung. Hinter den Gittern der Boxen des ehemaligen Pferdestalls von 1913 oder im Rosengarten davor mit Blick auf Teich mit Springbrunnen und Kirche lässt sich hier so köstlich wie zünftig speisen – vom Gutshof direkt auf den Tisch kommen viele der saisonalen Köstlichkeiten. Das Wild fand seinen Weg teils direkt aus den umliegenden Wäldern in die Pferdestallküche. Auch das Bier ist Hofangelegenheit: Sieben Sorten werden unter dem Namen „Gut Basthorst Gutshofbier “ gebraut. „Mien Leev“, meine Liebe, heißt das Charakterbier. Wohl bekomm’s. Vielleicht noch nicht zum ländlich reichhaltigen Frühstücksbuffet, der besten Stärkung vor längeren Touren.

Insbesondere Spirituosenfreunde brauchen eine kräftige Grundlage, denn auf dem Gut befindet sich das einzige Fasslager des schwedischen Malt Whiskys Mackmyra außerhalb des Königreichs. Schwedischer Whisky hat eine sehr übersichtliche, gerade einmal zwanzigjährige Tradition, aber das Wasser dort ist hervorragend und das Holz der schwedischen Eichen soll zudem für den charakteristischen Geschmack sorgen.

Im Hofladen lässt sich trefflich in die schwedische Whiskywelt einfühlen, manch Besucher verließ Basthorst schon nach gelassen-ausführlicher Beratung mit dem eigenen Dreißig-Liter-Fass im Gepäck. Gleich nebenan produziert Fabian Rohrwasser für die „Feingeisterei“ nicht nur Spirituosen erster Güte, sondern zugleich ein Stück Philosophie: „Am Anfang steht das Obst“, wird hier die Bibel variiert. In der holzbefeuerten kupfernen Brennblase entstehen vor den staunenden Besuchern Edelbrände und Obstgeiste in traditioneller Handarbeit bis hin zum Abfüllen der Flaschen.

Um den Schuss geht es auch in der Gutsförsterei: Büchsenmacher Max Mohring fertigt, restauriert und repariert hier Jagdwaffen, Spezialität des Hauses sind Schalldämpfer eigener Konstruktion. Sehenswert ist das allemal.

Wenn man das Gut verlässt, steht man direkt auf dem Kirchhof von St. Marien mit den dreihundertjährigen Eichen und den teils noch älteren Gräbern der verblichenen Gutsherren. Ein Wallfahrtsort war die Kirche im Mittelalter. Die wundertätige Hostie „Zum heiligen Leichnam“ lockte die Pilger in Scharen an, sodass gleich zweimal jährlich zu den Wallfahrten Jahrmärkte stattfinden konnten. 1319 wird das Kirchspiel erstmals erwähnt, die einschiffige Feldsteinkirche mit den überdimensionierten Fenstern ist allerdings ein Neubau aus den Jahren 1857–1859. Der Altbau war so baufällig geworden, dass er wohl beim leisesten Anstoß zusammenbrechen müsste, brachte der Superinten-

Weites Feld mit Kornblumenpracht und norddeutscher Himmelsdramatik bei Basthorst: Wanderers Freude und Radfahrers Glück, an schönen Wegen für ausgiebige Touren fehlt es nicht.

dent die Dringlichkeit des Bauprojekts auf den Punkt. Der Kirchenraum scheint fast zu schweben in der Helligkeit, die durch die großen Fensterflächen flutet. 43 Meter hoch und spitz behelmt ist der achteckige Glockenturm, der als Zeichen weit über Basthorst hinaus ragt. Der Marmoraltar ruht auf einem gewaltigen Granitblock, der ursprünglich als heidnischer Opferstein diente. 36 Pferde sollen ihn zum Kirchplatz geschafft haben. Der Altaraufbau stammt noch aus dem Kirchenaltbau. Er besteht aus zwei Säulen, die eine Kreuzigung einfassen. Das Auge Gottes strahlt in Marmor und darüber weist eine Tafel in vergoldeten Lettern alle weltlichen Besitztümer derer „von Uffeln" auf, der Familie des niederländischen Kaufmanns, der Basthorst erstanden und seine Patronatskirche reich bedacht hatte. Acht Wappen der Familie zieren als Glasmalerei auch ein ganzes Fenster im Mittelschiff des neugotischen Baus. Verdienter Nachruhm, denn die von Uffeln waren nicht nur in ihrer Kirche ausgesprochen wohltätig, die Familie zeichnet auch für die Gründung der ältesten sozialen Einrichtung Hamburgs, der niederländischen Armenkasse. Das Altarlesepult aus Messing ist ein feines mittelalterliches Kunstwerk mit Kreuzgruppe und Putten.

Die Altar- und Taufkerzenleuchter haben Gemeindemitglieder ihrer Kirche vermacht.

Per Rad oder per pedes führt der Weg zur Bille, zur alten Billebrücke – den beschaulichen Weg zurück.

Der Mühlenweg führt von Basthorst aus zurück zur Bille und damit nach Trittau: Der Ort räkelt sich am Mühlenbach bis hin zur Bille westlich der Hahnheide und schaut auf eine durchaus beachtliche touristische Vergangenheit vor dem Zweiten Weltkrieg zurück. Der Anschluss an die Reichsbahnlinie Bad Oldesloe–Schwarzenbek machte es möglich, ebenfalls passierte die Südstormarnsche Kreisbahn den Ort, der sich sogar als Luftkurort bezeichnet. Dennoch zählt Trittau nicht aufdringlich zu den Plätzen erster Wahl für einen monatelangen Ferienaufenthalt. Die Attraktionen sind innerhalb einer durchaus überschaubaren Stundenzahl mit dem Rad umfassend besucht, die Ausflugsmöglichkeiten an der Bille und in den Waldungen der direkt angrenzenden Hahnheide dagegen sind so lohnend wie beträchtlich. Der Name stammt wohl aus dem Slawischen und steht für „Ort, an dem die Drohnen sind" – mitnichten eine vage Vorahnung auf den heutigen unbemannten Luftverkehr, sondern die Feststellung von reichen Bienen- und Wespenvorkommen.

Gut 800 Jahre teils wildbewegter Geschichte hat Trittau erleben dürfen, inklusive mittelalerlichem Burgbau, dem späteren Schloss, das im Dreißigjährigen Krieg heiß umkämpft und 1775 nicht als Spätfolge, sondern wegen Baufälligkeit abgerissen wurde noch heute weist der Straßenname „Zur Krim“ auf das Schlossareal hin und erinnert zugleich an die verwandtschaftlichen Bande zwischen der russischen Zarenfamilie mit dem herrschenden Holstein Gottorfschen Adelsgeschlecht. Der Schlossplatz ist ein etwa 150 Meter langes Plateau, an dessen Seiten noch drei Wallzüge zu erkennen sind. Die Sache selbst ist eben längst Geschichte. Der Burggraben allerdings wurde vom Mühlenbach gespeist.

Der Mühlenteich mit seinen Schwänen – den Wappentieren Stormarns – ist ein absoluter Hort der Ruhe, der Spazierweg an seinem Ufer führt und lockt direkt in die Hahnheide. Einige Schritte weiter, kurz hinter der Schleuse des Teichs, führt die Napoleonbrücke über den Mühlenbach. Sie ist eine Granitquaderbrücke, die ihren Namen wohl den durchgezogenen Truppen des Kaisers während der Franzosenzeit von 1806 bis 1813 verdankt. Stormarn war damals weniger Kriegsschauplatz als Stationierungs- und Durchmarschgebiet und Trittau mit seiner

Sur le pont du Trittau: Diese Steine haben schon Napoleons Truppen getragen – in Folge trägt die Granitbrücke den Namen des Korsen mit der verschwundenen Hand in der Knopfleiste: Napoleonbrücke.

Verbindung zu den alten Heerstraßen galt als Einfallstor. Bis 1973 führte die schmale Kopfsteinpflasterbrücke mit dem mächtigen Quadergeländer den Verkehr über den Mühlenbach, heute ist sie nur noch zu Fuß zugänglich.

Von der zentralörtlichen Bedeutung Trittaus erzählt das wunderschöne Ensemble bestens erhaltener Gründerzeitbauten im alten Ortskern gleich vis à vis der Martin-Luther-Kirche, das jeder Spielfilmproduktion als Kulisse dienen könnte. Die Kirche selbst ist lebendige Geschichte: Die Feldsteinmauerreste der Nordseite stammen aus dem dreizehnten Jahrhundert. Da hieß sie noch St. Johannis. Etliche Male wurde sie im Lauf der Jahre umgebaut, die jetzige dreischiffige Halle in englisch-gotischer Form gestaltete der emsige Architekt C.A.W. (Carl August Wilhelm) Lohmeyer, der auch in Kuddewörde, Basthorst und Sandesneben tätig war, ab 1880. Charakteristisch sind die dünnen Bündelpfeiler und die Tudorbögen. Der Taufengel von 1736 schwebt wieder über der Taufschale, nachdem er lange Jahrzehnte auf den Dachboden verbannt war, ein „Beispiel für den Wandel des Geschmacks“, wie der lesenswerte Kirchenführer diplomatisch anmerkt. Die spätexpressionistischen Altarfiguren und Seitentafeln von Franz Hötterges aus dem Jahr 1949 trafen auch nicht unbedingt den Geschmack der Trittauer, sie seien bis heute „nicht unumstritten“, weiß der Kirchenführer die Kunstwerke sensibel einzuordnen.

Im Klang der vier Bronzeglocken des Geläuts lässt sich draußen links der Kirche die junge Doppeleiche von 2008 entdecken. Sie steht für die Unteilbarkeit der Herzogtümer Schleswig und Holstein und ersetzt die ursprüngliche Eiche aus der Zeit der Schleswig-Holsteinischen Erhebung 1848–1851: „Up

Ort für Kunst und Malerei mit Aussicht: Die alte Wassermühle in Trittau, Künstlerhaus und Galerie von heute am Mühlenteich, der ausschaut wie die Beschwörung dessen, was gute alte Zeit genannt wird.

Nun sei bedankt, Du Wappentier – Stormarns Schwäne sichern die Zukunft auf dem Trittauer Mühlenteich.

ewig ungedeelt“ steht auf dem unproportional großen Gedenkstein vor dem jugendlichen Baum, der – wie es sich für eine Doppeleiche gehört – zwei Eichen in einem Pflanzloch vereint. Wie gesagt, für alle Ewigkeit ...

Die erste Trittauer Kornwassermühle wird 1599 erwähnt und bis 1973 wurde hier auch, jeweils den Gepflogenheiten der Zeit und den Besitzverhältnissen entsprechend, gemahlen – heute ist die Wassermühle als Galerie eher für moderne Malerei zuständig. Über den Ausstellungsräumen im Erdgeschoss beherbergt der zweistöckige Fachwerkbau am idyllischen Mühlenteich seit 1992 Stipendiaten der Kulturstiftung der Sparkasse Stormarn. Von 1701 stammt das sorgfältig restaurierte Haus mit den prächtigen Pilastern, also Schmucksäulen ohne Tragfunktion am Eingangsportal – als Fotomotiv für Brautpaare erfüllen sie ihre Funktion hingegen vorbildlich: In der ehemaligen Wassermühle betreibt das Standesamt eine gut frequentierte Außenstelle für Trauungen. Weiterhin sorgt eine Turbine im Haus für einen Teil der hiesigen Stromversorgung, kurz, die Wassermühle lässt sich nach wie vor als Nutzbau in bester Lage betrachten.

Von Trittau aus ist es nur einen Katzensprung oder eine Buckelpiste weiter zu dem Ort, in dem die bloße Existenz der Dorfstraße als Sensation gehandelt wird, eine Bushaltestelle als Attraktion und das Vorhandensein des Dorfkruges als unumstrittener Beweis für das Paradies auf Erden gilt. Von Büttenwarder ist die Rede, dem Heimatort der Fernsehbauern Peter Heinrich Brix und Jan Fedder als Atsche Tönsen und Kurt Brakelmann, eine regionale Spezialität des NDR-Fernsehens, die sich über die Jahre zum Dauerbrenner des Nordens entwickelt hat – die Dinge können hier schon dauern, dann aber kommen sie irgendwann gewaltig. Büttenwarder ist die Fiktion des landverbundenen Großstadtautoren Norbert Eberlein, aber es balanciert doch gekonnt am Rande norddeutscher Möglichkeiten entlang. Die wesentliche Möglichkeit heißt in diesem Fall Grönwohld – als Drehort für Büttenwarder wurde das Dorf aus seinem Dornröschenschlaf gerissen, der seit der Einführung der Elektrizität 1913 anhielt. Die erste urkundliche Erwähnung stammt von 1248, im 17. Jahrhundert gründete Rudolf Amsinck aus der Hamburger Kaufmanns-, Bürgermeister- und Senatorendynastie die Drahtmühle in Grönwohld, um dort Feindraht für die Litzen von Schulterstücken für Uniformen und Musikinstrumente sowie Kupferplatten herzustellen. Es heißt, das sei ein Grundstein für das Wirtschaftsimperium der Amsincks gewesen.

Der außergewöhnliche Bau gleich am Dorfeingang, der heute Ateliers und Wohnräume beherbergt, ist nicht mehr das

Lohnender Außenblick auf industrielle Frühgeschichte: Gröhnwolds Drahtmühle, direkt am sogenannten Drahtteich gelegen, ein bauliches Landjuwel

Original der Drahtmühle von 1616, sondern entstand 1823, nun als Papiermühle unter Verwendung der Reste des alten Gebäudes, das als Stormarns ältester Industriebau gilt. Fachwerk, Feldsteinmauerwerk, Satteldach mit roten Ziegeln und zwei langen Gaubenreihen, direkt am Drahtteich gelegen, es gibt weniger lohnende Ausflugsziele, wenngleich die Besichtigung normalerweise nur von außen möglich ist.

Mit einem stattlichen Herrenhaus, das ebenfalls einstmals eine wasserbetriebene Kupfermühle war und dementsprechend schön am Wasser liegt, lockt das Gestüt „Grönwohldhof" zum Besuch: 650 Hektar groß ist der Hof, auf dem mit großem Erfolg gezüchtet und ausgebildet wird. Die „Röperkate" mit dem prächtig restaurierten Reetdach stammt aus dem 17. Jahrhundert. Der Blickfang des kleinen Ortes, schmuck anzusehen und kulturell wertvolles Zeugnis vom Alltagsleben der ehemaligen ländlichen Unterschicht und damit derer, die an den Mühlen rackerten.

Spätestens jetzt ist es Zeit, „Unter den Linden" aufzusuchen, bekannter als „Dorfkrug" Büttenwarders, der Ort, an dem Fiktion und Fakten sich in Gestalt von „Lütt un Lütt" begegnen: Köm und Bier zu günstigen Preisen gibt es auf Deckel im Fernsehen – gegen sofortige Zahlung in der Realität. Neben dem Gedeck bietet die Küche nichts, die Getränkekarte aber alles. Die Öffnungszeiten schwanken wie die Fernsehhelden nach dem Krugbesuch, wochenends ist meistens geöffnet, bei gutem Wetter ohnehin für die Außengastronomie direkt am Spielort – Misthaufenduft gratis. Ruthild Oetjen betreibt die Schankwirtschaft in dritter Generation gemeinsam mit Bruder Enno – beide haben gelernt mit den Büttenwardertouristen umzugehen und schätzen den Nennwert der dabei herausspringt.

Eine eigene Art, sich die Drehorte der Serie anzuschauen, bietet „Op'n Drahtesel" – mit einer geführten Fahrradtour von Helga Struwe, die so bummelich 40 Kilometer und endlose Geschichten umfasst. Mit der blauen Bimmelbahn, die sich gleislos bereift mit 11 Stundenkilometern durch Büttenwarder/Grönwohld schlängelt, ist für bis zu 14 Personen ebenfalls eine unterhaltsame Motivtour drin, die auch die Brauerei des heimatlichen Büttenwarder Pils streift. Toschi, Tiger, Lena und Chefin betreiben die kleine hölzerne Hausbrauerei im Herzen Grönwohlds aus Liebe zum Bier – „in Flaschen gefüllte Poesie" nennen sie ihre Erzeugnisse. Sudhaus, Gärkeller, Abfüllung und Schrotmühle lassen sich besichtigen, die frischen Bratkartoffeln aus der Eisenpfanne mit oder ohne Fleischgerichte genießen sowie die Räume zum Feiern benutzen. Nächtigen lässt sich auch auf dem Gelände: Bademöglichkeit, Angelteich, Walnussplantage, Regenwurmzucht und diverse Obstbäume sind die vielversprechenden Verlockungen vor Ort.

Stormarnche Schweiz wird die Seenplatte hier genannt, zu der auch der Lütjensee – „lütt“ heißt auf gut platt „klein“ –, der Großensee und auch der Mönchsteich gehören. Die Waldungen und abwechslungsreichen Wege rundum laden zum Radwandern ein: Allein 22 Touren bietet die Broschüre „Radwandern in Stormarn“ an.

Der Name lässt es nicht unbedingt vermuten, aber der Mönchsteich war lange Zeit erklärtes Ziel von FKK-Jüngern, seit 2015 ist Nacktbaden hier allerdings verboten. Ursprünglich ist der 24 Hektar große Teich zur Karpfenzucht angelegt worden, die Bruderschaft des nahen Klosters Reinfeld schätzte gute Küche und als Fastenspeise war Karpfen eine unumstrittene Köstlichkeit. Transportieren ließ sich frischer Fisch kaum, also mussten eigene Karpfenteiche angelegt werden und so wurde ganz nebenbei die Teichwirtschaft Schleswig-Holsteins begründet. In gut eineinviertel Stunden lässt sich der waldumsäumte Teich umwandern, es sei denn, man nimmt sich die Zeit zum Baden in einer der im Schilf versteckten Buchten des Ostufers. Der Mönchsteich bietet hier himmlische Einsamkeit. Vogelfreunde können mit Glück Eisvögel, Mittelspechte und Rohrweihen beobachten, zudem jede Menge Libellen.

Für Radfahrer ist die Tour um den Mönchsteich herum durch etliche Steigungen teilweise anstrengend, die schönen Blicke aber entschädigen für alle erlittenen Pedalenqualen.

Zur Stärkung lässt sich am besten das „Moonshiner“ mit seiner großen Außenterrasse aufsuchen – Burger, Spare Ribs, Pulled Pork und Chicken Wings frisch vom Grill stehen auf der Karte. Auf frische Ware wird Wert gelegt, die Beilagen werden durch selbst gefertigte Saucen verfeinert.

Sehr viel exklusiver lässt sich in einem der besten Fischrestaurants Deutschlands ein Wiedersehen mit Karpfen, Schleien, Zandern oder Hechten aus dem Mönchsteich feiern: Der „Seehof" in Lütjensee serviert die Spezialitäten aus dem nahen Gewässer. Der Chorsänger, Jäger und passionierte Fischer Friedrich Paul Stolze aus Sachsen öffnete mit dem Seehof 1946 einen der ersten gastronomischen Betriebe der Gemeinde Lütjensee nach dem Krieg. Ehefrau Else Stolze wirkte kunstvoll in der winzig kleinen Küche. Zwei räumlich ähnlich beschränkte Gaststübchen waren der Ursprung des kulinarischen Tempels mit Hotelbetrieb von heute. Schon 1948 stellten sich illustre Gäste ein, Wirtschaftsbosse, Show- und Schauspielgrößen sollten ihnen folgen, genossen Fisch, Wild und Sonne am Wasser. Daran hat sich so viel nicht geändert, nur dass Else Stolze längst nicht mehr in der mittlerweile geräumigen Küche regiert, sondern Enkel Jens und der Seehof Lobeshymnen ohne Ende von Seiten kulinarischer Fachkreise einfährt.

Auf der großen Gartenterrasse am Wasser lässt sich auch im Forsthaus Seebergen auf angenehme Art Zeit zerbröseln und dabei Gaumenkitzel genießen: Wie eine Filmkulisse aus den 1950er Jahren liegt das Forsthaus ans Ufer geschmiegt, eine hübsch geschwungene, weiße Brücke führt über die Karpfenteiche, auf denen sich Schwäne und Enten tummeln. Im Dirndl tischen die Kellnerinnen auf, was Küchenchef Alexander Genke an Fisch- und Wildspezialitäten in der Küche zubereitet, vom Verwöhnmenü bis zur kleinen Schlemmerei mit frischen regionalen Zutaten und eigenen Dessertkreationen. Die Liebe hat den Spitzenkoch von Berlin in das Idyll nach Lütjensee verschlagen: Franziska Genke ist Sommelière und in vierter Generation, gemeinsam mit ihrer Schwester Ulrike Chefin des gediegenen Landgasthofes. Die Tischdecken stets gestärkt und selbstverständlich blütenrein, das Mobiliar von jener Zeitlosig-

keit, die irgendwann in den sicheren Garanten für kultivierte Gastlichkeit umschlägt. „Modernes haben wir in der Stadt genug", sagen die Gäste des Forsthauses und genießen die Stimmung, von der sie mit Sicherheit annehmen können, sie so auch noch in den nächsten Jahren, wenn nicht Jahrzehnten hier vorzufinden. Ausgesprochen vorsichtig verändern die Wirte das verwunschene Paradies, das 1960 um ein zweistöckiges Hotel mit 31 Zimmern auf drei Sterne Niveau erweitert wurde.

Die freilaufenden Ziegen auf dem Gelände freuen sich über jeden Besuch – insbesondere wenn sich kleine Leckereien in den Taschen der Gäste befinden, sie haben ihre durchaus robuste Art, sie aufzuspüren. Der Wald rundherum lädt zu Spaziergängen auf malerischen Wegen ein, sportlich betätigen kann man sich unter anderem als Bogenschütze. Wer höher hinaus will, findet die Erfüllung seiner Wünsche im Hochseilgarten gleich um die Ecke an der Sieker Landstraße. Zwischen Himmel und Erde in 20 Metern Höhe auf schwankenden Tauen, Hängebrücken oder an Seilen kann man sich ein wenig wie Indiana Jones fühlen. Durch feste Gurte ist man dabei aber doch vor einem Übermaß an Gefahr und Abenteuer bestens behütet.

Die Stormarnsche Schweiz mit ihrer berückenden Seenplatte: Großensee, Lütjensee – „lütt" steht für „klein" – und Mönchsteich

Rundweg Trittau

Start und Ziel: Wassermühle

Dauer: etwa eine Stunde

Unser Trittau-Spaziergang beginnt am idyllischen Mühlenteich mit seiner Wassermühle **(1)**, in der bis 1973 noch Korn gemahlen wurde. Heutzutage bildet sie das Kulturzentrum Trittaus. Das historische Gebäude von 1701 beherbergt eine Galerie und Ateliers für Stipendiaten der Kulturstiftung der Sparkasse Stormarn. Regelmäßig finden hier Veranstaltungen statt. In südliche Richtung gehen wir an dem denkmalgeschützten, noch im 17. Jahrhundert erbauten, ehemaligen Gasthaus „Burgkrug" entlang. Dann weiter bis zur Napoleonbrücke **(2)**, die Anfang des 19. Jahrhunderts vermutlich von dem dänischen Architekten Christian Hansen errichtet wurde und noch bis in die 1960er Jahre als wichtige Autostraße diente. Hier kehren wir um und gehen auf dieser alten Handels- und Heerstraße zurück zum Mühlenteich, dann über den Trittauer Mühlenbach und weiter auf dem Uferweg am Mühlenteich. Auf diesem Weg erreichen wir das Fachwerk-

Die alte Napoleonbrücke über den Mühlenbach

Uferweg am Mühlenteich mit Blick auf die alte Wassermühle mit Galerie

ensemble „Sonnenhof“. Dieser ehemalige Milchwirtschaftshof wurde 1910 erbaut und damals an der Eisenbahnstrecke in Bahnhofsnähe platziert, was den Vertrieb der verderblichen Ware beschleunigte. Nun befinden wir uns auf diesem schnurgeraden Weg **(3)**. Die ehemalige Trasse der Eisenbahnlinie ist heute für Wanderer und Fahrradfahrer

Immer geradeaus: Rad- und Wanderweg direkt an der Hahnheide

reserviert. Nun gehen wir direkt am Waldrand der Hahnheide entlang, bis wir zu einem kleinen Wegweiser kommen, der uns in Richtung Kirche lenkt. Hier biegen wir links ab, folgen dem Pfad und überqueren

Die Martin-Luther-Kirche mit Feldsteinmauerresten aus dem 13. Jahrhundert

wieder den Trittauer Mühlenbach. Links, in einiger Distanz, liegt das beheizte Freibad „Schönaubad Trittau“ **(4)**, mit Liegewiese und 5-Meter-Sprungturm. Bald treffen wir auf die Kirchenstraße, danach gehen wir

Kirchenstraße downtown Trittau, ein Traum vom dörflichen Leben ...

„Auf ewig ungeteilt“: Gedenkstein an der Doppeleiche mit S-H-Wahlspruch

nach rechts. Zuerst sehen wir die Doppeleiche mit dem Gedenkstein **(5)**. Gleich danach die uralte Martin-Luther-Kirche **(6)**, die bereits 1239 urkundliche Erwähnung fand, aber wohl noch älter ist. Unser Weg führt uns zurück auf die Kirchenstraße, jetzt über den Kreisel am Europaplatz und weiter auf der Poststraße gehen, die später „Am Mühlenteich“ heißt. Wir sind am Ziel.

Kulturzentrum Wassermühle Trittau
Am Mühlenteich 3
22946 Trittau
T. 04154 8079-85/-86
wassermuehletrittau.de

Schönaubad Trittau
Zum Schützenplatz 3
22946 Trittau
T. 04154 2722
schoenaubad-trittau.de

Martin-Luther-Kirche
Kirchenstraße 13
22946 Trittau
T. 04154 2046
kirche-trittau.de

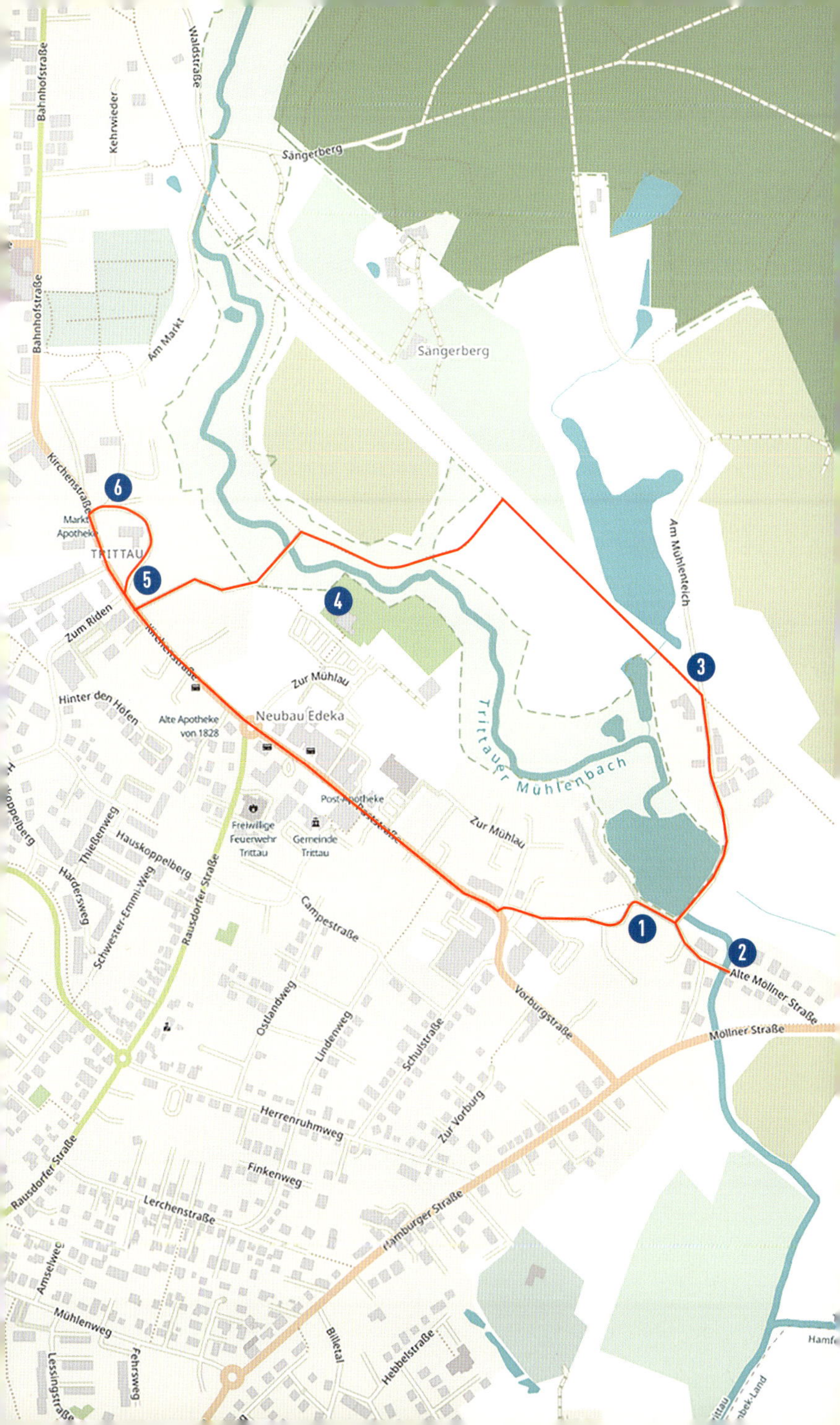

Bahnhofstraße
Waldstraße
Kehrwieder
Sängerberg
Am Markt
Sängerberg
Kirchenstraße
Markt Apotheke
TRITTAU
Am Mühlenteich
Zum Riden
Zur Mühlau
Hinter den Höfen
Alte Apotheke von 1828
Neubau Edeka
Trittauer Mühlenbach
Post-Apotheke
Freiwillige Feuerwehr Trittau
Gemeinde Trittau
Poststraße
Zur Mühlau
Thießenweg
Hauskoppelberg
Hardersweg
Schwester-Emmi-Weg
Rausdorfer Straße
Campestraße
Alte Möllner Straße
Möllner Straße
Vorburgstraße
Ostlandweg
Lindenweg
Schulstraße
Zur Vorburg
Herrenruhmweg
Finkenweg
Hamburger Straße
Lerchenstraße
Rausdorfer Straße
Amselweg
Mühlenweg
Billetal
Hebbelstraße
Lessingstraße
Fehrsweg
1
2
3
4
5
6

Von Wassermühlen, Stromschnellen und wilder Uferlandschaft

Grande, Kuddewörde, Witzhave

Grande: Das große Billerauschen mit Wassermühle hinter Kopfsteinpflaster und wilder Uferlandschaft – Ausgangspunkt ins Billetal ist das 176 Hektar große, 16 Kilometer lange Naturschutzgebiet. Der Erhalt eines der wenigen nicht ausgebauten Fließgewässer im südöstlichen Schleswig-Holstein ist der triftige Grund für diese Oase entlang des schleifenreichen und permanent veränderlichen Billeufers mit seinen steilen „Prallhängen" und inneren flachen „Gleitufern". Eine unendlich reiche Tier- und Pflanzenwelt lässt sich hier entdecken – Eisvögel zeigen sich, Gebirgsstelzen und Wasseramseln, Spechte und Hohltauben brüten in Baumhöhlen, blauflügelige Prachtlibellen funkeln in der Sonne. 170 Pilzarten lassen sich mit entsprechender Sorgfalt und Ausdauer an den vielfältigen Flusswindungen finden und mehr als 330 Farn- und Blütenpflanzen zählen.

Als sogenannter sommerkühler Kaltwasserbach bleibt die Bille ganzjährig immer unter zwanzig Grad kalt. Ihr sauberes, mal schnell, dann wieder langsam fließendes Wasser genügt so selbst den gehobenen Qualitätsansprüchen von Bachforellen, Äschen, Bachschmärlen, Bachneunaugen, Elritzen und der vom

Das ganz große Rauschen bei Grande: die Wassermühle an der Bille, Restaurant und Kanueinsatzstelle für Billepaddeleien durch das Naturschutzgebiet Billetal – unvergesslich

Aussterben bedrohten Flussmuschel. Insgesamt zwanzig Fischsorten tummeln sich im Flussverlauf des Billetals.

Wild geht es am Ufer zu, pures Naturerlebnis trotz kreuzender Autobahn, deren Grundrauschen sich lange in das Vogelgezwitscher mischt. An der Grander Mühle findet sich zwar der oberste Startpunkt für Paddler, aber vom 1. März bis zum 15. August ist die Bille tabu für jede Form von Wasserfahrzeug und Boot – ansonsten ist das Befahren nur bei Pegelstand Grün – +39 cm – ab der Mühle gestattet. Die allerdings ist für sich schon den Besuch und längeren Aufenthalt wert: Bis 1969 war sie in Betrieb und verarbeitete täglich bis zu 30 Zentner Korn. Das knorrige Mühlrad, der gewaltige Malstein und die Welle aus einem Eichenstamm erzählen von dieser Vergangenheit, die letztlich fast 800 Jahre zurückreicht, da wurde eine hiesige Mühle erstmals erwähnt. Also kaum mehr verwunderlich, dass sie die älteste Korn-Wassermühle Norddeutschlands sein soll.

Als Puzzlemotiv hat sie vielleicht nicht die Welt, aber viele Haushalte erobert und erzählt dort von der Schönheit der Bille bei Grande. Roter Backstein, altes Fachwerk, grüne Holzvertäfelung, handgefertigte Dachziegel, die bis zu 400 Jahre alt sind, und klare Mühlenmechanik, die besichtigt werden darf und sollte – sei es vor oder nach dem Essen, denn die denkmalgeschützte und nach mehreren Bränden aufwendig restaurierte Mühle ist heute eine Gaststätte. Traditionell wurde hier seit jeher bewirtet und dem jeweiligen Müller so ein Zubrot verschafft. König Friedrich der Fünfte sei in den bewegten Tagen des Dreißigjährigen Krieges eingekehrt und Feldmarschall Blücher habe 1816 hier gespeist, raunen die Annalen. Seit Jahrzehnten genießt und pflegt die Mühle ihren guten Ruf als stadtnahes Ausflugslokal, italienische Küche bietet die gegenwärtige Wirtsfamilie Santolemma. „Il caminetto“, „der Kamin“, nennen sie ihr Lokal mit den kleinen verwinkelten Innenräumen und der großen Außenterrasse am Wasser. Den Hotelbetrieb im langgestreckten Fachwerkbau neben der Mühle versorgen die Santolemmas gleich mit und servieren ihre mediterranen Gaumenfreuden auf der Hotelterrasse an der Billekühle entlang des Mühlenwehrs. 1820 wurde das Hotelgebäude errichtet und Wirtin Eri Brandt hat die dreizehn originellen Zimmer nicht nur mit Namen wie „Mondlicht" getauft, sondern auch mit zusammengetragenen Kunstgegenständen von Reisen aus der ganzen Welt geschmückt: Die Entdeckung der Langsamkeit geht hier ganz mühelos vonstatten.

Kuddewörde heißt das Örtchen an der Grander Mühle und sehr viel norddeutscher kann ein Name nicht sein. Ganz charmant treffen sich hier Region und Weltläufigkeit, denn der Europawanderweg 1 führt an der Bille entlang bis zum Bodensee, dem Gotthard und weiter bis zum Mittelmeer, aber das sprengt das Fassungsvermögen von Tagestouren wohl eher.

Region ohne Chichi: die Bille bei Kuddewörde. Der Norden, wie er wirklich ist.

Gleich oberhalb der Mühle steht eine Zwillingslinde. Von dorther ergibt sich ein zauberhafter Blick auf die Mühlenszenerie und ehe man sich versieht, landet man in Kuddewördes Hintergärten. Ein paar Meter die Feldmark hinein lässt sich dem Billeverlauf folgen, der Fahrrad- und Wanderweg führt hier bis nach Trittau, die Bundesstraße 404 befindet sich dabei in angemessener Sicht- und Hörweite. Eine ungeschmückt ländliche Szenerie von eigenem Reiz entwickelt sich ganz selbstverständlich, mit Anglern am Ufer. Kuddewördes St. Andreaskirche passt zu diesem Bild, trutzig steht der Bau da wie eine Burg mit immer wieder geflickten Feldsteinmauern, die schon in all ihren verschiedenen Farben ganz eigene Geschichten zu erzählen scheinen. Modern, quadratisch, fensterlos ist der Glockenturm aus edel angelaufenem Kupfer – fast eine gigantische Raumskulptur ohne jeden Schnörkel: Die Gemeinde hat ihn in den 1950er Jahren in schweißtreibender Arbeit eigenhändig errichtet. Seit 1230 gibt es die Gemeinde, alte Apostelfiguren aus der Historie der Kirche sind innen zusammengesammelt und ein Kruzifix, dessen Dimensionen davon künden, dass der Kirchenbau zuvor wesentlich größer gewesen sein muss. An der Billeniederung davor findet sich die sogenannte Schanz, ein alter Burgplatz, der Historienfreunde schon um seines bloßen Vorhandenseins wegen erfreut: Burg Kuddewörde ist längst geschleift worden, aber die Fantasie darf sie an der Bille wieder aufbauen und siegreiche Schlachten um sie schlagen. Sehr viel handfesterer Natur sind die Verlockungen an ganz prosaischem Ort: der verkehrsreichen Kreuzung Lauenburger und Hamburger Straße. Schinkenfreunde finden dort ihr zartes Glück: „Grander Katenschinken" heißt die regionale Spezialität, die Feinschmecker zu rühmen

Quadratisch, ländlich, gut: Der moderne Glockenturm und die alte Kirche St. Andreas aus immer wieder geflickten Feldsteinmauern harmonieren in Kuddewörde als Trutzburg des Glaubens.

Am wilden Steilufer der Bille stromabwärts von Grande – Absturzgefahr gering, Suchtgefahr für die Sinne immens

wissen. Sie lässt sich gleich vor Ort in der rustikalen Schinkenkate mit Verzehrterrasse verschmausen oder zur Mitnahme erstehen: beste Wegzehrung für die weitere und wahre Flusserkundung. Den Billewanderweg entlang durch das Naturschutzgebiet am Sachsenwald, die Bäche kreuzend, die der Bille immer neue Nahrung geben, durch Auen und kleine Sumpfgebiete, durch lebendige, sich entwickelnde Natur.

Bis Witzhave führt dieser natürliche Pfad an der Billeseite etwa sechs Kilometer lang. „Witeshove“ – „Hof am Wald“ ist die ursprüngliche und sachkundige Bezeichnung für das kleine Dorf an der ehemals so wichtigen Handelsstraße zwischen Lübeck und Hamburg, jetzt führt hier die A24 entlang und kreuzt die Bille. Für Witzhave ist die Verkehrsanbindung vielleicht ein

Segen, für die Bille sehr zweifelhaft: der Wald geteilt, der Fluss durch Spundwände gezähmt. Dass die Witzhavener Au und die Corbek der Bille zufließen, ist für den Wanderer oder Radler weit interessanter.

Die Corbek: Ein kleines Stück fluss- oder bachaufwärts liegt das Gut Heinrichshof mit seinem Herrenhaus majestätisch am Teich. Die hölzerne Lange Brücke bei Witzhave, die im 23-Meter-Schwung über die Bille führt, ist kein Ziel, aber ein schöner Haltepunkt – kurz vor der Autobahnquerung. In schönem Kontrast zu dieser Szenerie finden sich an der Bille jetzt Reitwege und Rösser, die den Fluss als feine Trinkgelegenheit zu würdigen wissen – zur Fürst-Bismarck-Quelle ist es ja auch nicht mehr weit. Kaiser Wilhelm I. hat dem ersten Reichskanzler und Waldliebhaber Otto von Bismarck für seine Verdienste 1871 den riesigen Sachsenwald mit allem Drum und Dran geschenkt, doch davon später mehr.

Buschwindröschen an der Langen Brücke über die Bille bei Witzhave – zart und nah rauscht die Autobahn im Hintergrund.

Rundwanderung von Witzhave entlang der Bille zur Doktorbrücke und durch den Wald zurück

Start und Ziel: Witzhave, Bushaltestelle der Linie 333 Oher Weg; PKW-Parkmöglichkeit in der Poststraße

Dauer: etwa zwei Stunden

Der Rundweg beginnt an der Bushaltestelle in Witzhave, Oher Weg **(1)**. Wir überqueren die Möllner Landstraße und gehen auf dem Fußweg nach links über eine Brücke mit blauem Geländer. Unter uns strömt das Flüsschen Corbek auf seinem Weg zur Bille. Nach etwa 100 Metern sehen wir den Wegweiser „Lange Brücke“ **(2)** und folgen ihm in Richtung Wald. Flankiert von zwei Fachwerkhäusern beginnt die gerade, unbefestigte Straße. Bald gelangen wir an eine große Übersichtskarte der Billeregion. Rechts von ihr führt ein schmaler Weg direkt in den Wald und schon sehen wir die Lange Brücke, die sich über die Bille spannt. Auf dem anderen Ufer geht es ein kleines Stück stromaufwärts, dann rechts und schon hören wir das Rauschen der Autobahn 24 **(3)**, die den Wald durchtrennt und Hamburg mit Berlin verbindet.

Der Fluss unter der Autobahn: Die A 24 huscht über die Billebrücke hinweg.

Der Verkehrslärm nimmt zu und das riesige Bauwerk wird sichtbar. Unser Weg führt uns unter der Autobahn hindurch. Gut 30 Meter ist sie breit. Auf der rechten Seite fließt nun die Bille und der Wanderpfad folgt ihrem Lauf. Von den Höhen des östlichen Ufers ergeben sich schöne Blicke auf den Fluss, auf Wald und Wiesen gegenüber. Das Gezwitscher der Vögel hat die Autobahngeräusche lange schon übertönt. Der Waldweg führt nun hoch über der Bille in Richtung Doktor-

brücke **(4)**, die wir nach einer knappen Stunde erreichen. Hier ist ein schöner Rastplatz.
Die Kopfsteinpflasterstraße führt uns wieder in den Sachsenwald hinein. Wir gehen in südöstlicher Richtung, links treffen wir auf einen sandigen Waldweg (kein Reitweg), der schnurgerade wieder in Richtung Autobahn führt.
Umgeben von Mischwald spazieren wir bis zur A 24, die wir an der uns bekannten Unterführung queren. Direkt geht es in Richtung Bille. Hier biegen wir nun nach links in Richtung Lange Brücke und gehen zu unserer Bushaltestelle oder zum Parkplatz zurück.

Wildromantische Flussszenerie an der Bille bei Witzhave

Mythen, Märchen und jede Menge Holz

Sachsenwald und Aumühle

Sachsenwald – es klingt nach uralter, wilder Waldlandschaft aus germanischer Vorgeschichte, nach Stammeskriegen, Schwerterklirren, Hinkelstein und Hünengräbern, Mythen, Märchen und Legenden. Dabei ist der heutige Sachsenwald mit seinen Buchen und Eichen nur noch ein Rest jenes riesigen Urwalds, der sich einst von Hamburg über Lauenburg bis nach Lübeck zog. Mit knapp siebzig Quadratkilometern Ausdehnung ist er wohl die größte Waldfläche Schleswig-Holsteins. Sein nordwestlicher Grenzfluss ist die Bille und viel von der ehemaligen Wildnis vermittelt sich noch auf den Wegen durch die Waldlandschaft, selbst Hünengräber finden sich im sogenannten Saupark des Waldes.

Hügelgräber aus der Bronzezeit finden sich weiterhin ganz unweit im Oher Gräberfeld, das auf jeden Fall einen Abstecher wert ist. Zwanzig gut erhaltene Grabhügel und ein steinzeitliches Langbett bilden das größte Hügelgräberfeld Südstormarns. Ein gut ausgeschilderter Rundweg leitet durch diese lohnende Zeitreise und weist zudem zwei vorgeschichtliche Kultsteine auf: der eine ist mit 50 kleinen Schälchen versehen, der andere zeigt eine tiefe Rille. Über die „Doktorbrücke" – über sie reiste im 19. Jahrhundert der Arzt, der den Förster versorgte, an, heißt es – zurück in den Sachsenwald. Den Billewanderweg entlang

Wilde Bille-Flusslandschaft im Sachsenwald an der Doktorbrücke – aufregendes Revier für Abenteurer, Wanderer und Reiter

geht es in Richtung Fürstenbrücke – ein Waldspaziergang der seinesgleichen sucht.

Auch mit der S-Bahn ist der Sachsenwald gut zu erreichen, „Aumühle" heißt die Haltestelle – der Name stammt von der Mühle, die hier erstmals 1350 erwähnt wird und heute als Restaurant „Fürst Bismarck Mühle" mit schöner Terrasse durchaus einen Besuch und jedes Gericht wert ist. „Bismarck" heißt hier so gut wie alles, denn dem ehemaligen Reichskanzler Otto von Bismarck hat Kaiser Wilhelm 1871 den gesamten Sachsenwald „mitsamt Gütern, Wegen und Gewässern" in Anerkennung seiner großen Verdienste um das deutsche Volk, namentlich der Reichsgründung, übereignet. Bismarckquelle, Bismarckmühle, Bismarckturm, Bismarckmausoleum, Bismarckeiche und Bis-

marcksäule – alles ist hier mit dem großen „B“ bezeichnet und fußläufig zu erreichen. Am italienischen Restaurant „Harlekin“ von Francesco und Bianca – Spezialität: ofenfrische Pizza, vielleicht als Wegzehrung oder Marschauftakt – geht es entlang über die Hauptstraße und dann direkt in den Sachsenwald hinein. Die schon erwähnte Bismarckmühle liegt malerisch da, am Mühlenteich mit Streichelzoo und pittoreskem Fachwerkanbau. Links geht es in den Wald Richtung Bille am weitgehend unberührten Flusslauf entlang. Hier tummeln sich dank Naturschutz viele seltene Vögel und Fische – selbst Eisvögel lassen sich mit ein wenig Glück beobachten.

Rechts folgen in den ehemaligen Mühlengebäuden diverse Restaurants und Unterkünfte für jede Form und Preisklasse entlang der Schwarzen Au. Das Drei-Sterne-Hotel mit Restaurant „Italia“ macht den Anfang, mit ehemaligen Tanz- und Ballsälen sowie einer großen Terrasse zum Mühlenteich hin. Das Landhaus „WaldesRuh“ folgt ein paar Schritte weiter. Als Reetdachhaus wird das charmante Anwesen erstmals 1763 als Jagdsitz erwähnt und ist heute ein Hotel mit originellen, unterschiedlichen Zimmern für einen ruhigen Sachsenwaldaufenthalt. Regionale Küche, so ehrlich wie raffiniert, kommt auf den Tisch, der bei entsprechender Witterung auch im Freien steht. Angemacht mit Kräutern aus dem eigenen Kräutergarten, eine Verführung zu bürgerlichen Preisen am und auf dem Wege. Wem jetzt schon nach einem Zwischenstopp ist, der mag den 18-Loch-Minigolfplatz gleich am Hotel bespielen – eine Herausforderung.

Ein breiter Wanderweg führt am großen Reitstall „Biß“ vorbei in Richtung des Eisenbahnmuseums „Lokschuppen“ – Abenteurer können den kleineren Fußweg nehmen, der zum Teil di-

Im Zeichen des großen „B“: Die Bismarckmühle hinter der Bismarckquelle – auch über den Landweg unbedingt lohnendes Ziel in Aumühle: Köstlichkeiten auf der Außenterrasse mit Blick zur schwarzen Au, die den Mühlenteich speist

Weltflucht in Aumühle: Seeblick aus zauberhaften Zimmern und Küchenglück in Gastraum und unter freiem Himmel: WaldesRuh am See

rekt an der Schwarzen Au das gleiche Ziel, nur etwas idyllischer und abwechslungsreicher, erreicht.

Die Bedeutung der Eisenbahn für Aumühle ist gewaltig, hier ratterten ab 1846 Züge die zentrale Strecke von Hamburg nach Berlin entlang – mit eigenem Bahnhof für Otto von Bismarck im nahen Friedrichsruh, dem Familiensitz bis heute. Ab 1850 lässt der Kanzler hier gern die Züge nach Berlin für sich und seine Gäste halten.

Ehrenamtliche haben auf einer Anhöhe den „Lokschuppen Aumühle“ eingerichtet, ein Museum für Eisenbahngeschichte mit der berühmten T3, einer mehr als hundert Jahre alten Dampflok. Diesel- und Dampflokomotiven, Personal- und Güterwaggons bis hin zu historischen S-Bahnen sind allesamt hautnah zu erleben, zu erklettern, zu erkunden und zu erforschen. Pralle Eisenbahnwelt in aller Schönheit auf dem Abstellgleis: das Paradies für Trainspotter, Schienenfreunde und Kinder sowieso. Eine Draisine oder die Feldbahn lassen sich auf dem kleinen Schienennetz des Lokschuppens leibhaftig fahren und wie man eine Straßenbahn führt, lässt sich gleich hier auf dem Fahrstand erproben, die Reihe „Kultur im Lokschuppen" rundet die Sache mit Musik, Theater und Aktionen ab: herankommen, nicht zurücktreten, bitte.

Der Wanderweg führt weiter über die Holzbrücke, die die Schwarze Au kreuzt, ein Gewässer, das so beschaulich ist, wie es der Name verheißt. An Möglichkeiten zu rasten und innezuhalten mangelt es nicht auf dem Weg, Parkbänke finden sich reichlich auf der Strecke zum berückenden Schmetterlingsgarten. Etwa zwanzig Minuten braucht es durch Ponyweiden und Wiesen bis zum Schlossteich. Dort befindet sich in der Nummer 8

Trainspotting im Lokschuppen – die Eisenbahn hat Aumühle wachgeküsst. Ihre Geschichte wird im Sachsenwald gezeigt, Ein- und Aufsteigen inklusive. Die Dampflokomotive T3 ist das Schmuckstück der gewaltigen Sammlung.

Flatterhafter Rausch – der Schmetterlingsgarten von Gräfin Elisabeth von Bismarck ist mit gut tausend tropischen Faltern der erste seiner Art in Deutschland. Unbedingt sehenswert für Familien

der „Garten der Schmetterlinge“. Vor gut dreißig Jahren eröffnete Gräfin Elisabeth von Bismarck die Anlage in den historischen Gewächshäusern als ersten Schmetterlingspark Deutschlands.

Dass man Tickets so beflügelt entwerten kann: Einen veritablen Schmetterling stanzt die Lochzange aus den Eintrittskarten zum „Garten der Schmetterlinge“. Immer an den Backsteinmauern von Friedrichsruh, dem Stammsitz der Familie von Bismarck, entlang bis zum zauberhaften Schlossteich führt der Weg in diese Oase der Leichtigkeit: Ein gutes Tausend tropischer Falter flattert bei 80 Prozent Luftfeuchtigkeit und wohligen 26 Grad durch das zentrale Glashaus mit seinen blumengesäumten Wegen, Brücken und Flusslandschaften. Waldgeist, Postmann, weiße Baumnymphe oder Monarch lassen sich hautnah beobachten. Der Blaue Morpho schillert knallblau durch die Lüfte, der Grüne Schwalbenschwanz gehört zu den Ritterfaltern und verteidigt sein Revier als Überflieger: Wenn sich zwei Männchen begegnen, flattern sie umeinander herum in die Höhe. Wer am höchsten fliegt, gilt als Sieger – die Grenze setzt hier nur das Glasdach.

An Abstürze denkt keiner der eleganten Flieger, ihr Leben dauert ohnehin nur ein paar Tage, höchstens einige Wochen an. Bananenfalter, auf deren Flügeln große Augen täuschen – daher auch „Eulenauge“ genannt –, sind – nur zu logisch – dämmerungsaktiv. Atlasspinner mit ihrer Spannweite von dreißig Zentimetern sind die größten Falter überhaupt, hier aber leider nicht im Flug zu betrachten. Sie sind nachtaktiv und verschlafen die Tage ihres ausgesprochen kurzen Daseins. In verglasten Ruhezonen sind sie alle bestens anzuschauen, aber auf keinen Fall durch Klopfzeichen zu stören: sie brauchen Ruhe und Liebe, sonst nichts, nicht einmal die Nahrungsaufnahme ist ihnen möglich.

Dass die Puppen der Passionsfalter wie vertrocknete Pflanzenteile aussehen und knarzende Geräusche von sich geben, wenn sie gestört werden, lässt sich den höchst informativen Schautafeln entnehmen – der Garten der Schmetterlinge ist eine Welt für sich, erklärt und zeigt sie auch in großer Liebe zur geflügelten Sache. Mit Glück lässt sich sogar erleben, wie ein junger Schmetterling aus seiner Hülle schlüpft.

Der Park ist mit 10 000 Quadratmetern nicht riesig, aber so klug und schön angelegt, dass man lange darin spazieren und staunen kann: Einen Libellenteich gibt es, Diamanttäubchen in den Volieren, eine Grauganswiese, den Rosengarten, ein Kaninchengehege sowie grell gestreifte Orangenbeinvogelspinnen im Terrarium. Sie verteidigen sich nicht durch Bisse, sondern durch das Bombardement des Gegners mit Brennhaaren, die sich an ihrem Hinterleib befinden.

Mehr Frieden verspricht da der „Singende Wassergarten“ mit seinen Glockenspielen, die über raffiniert gestaltete Bambuswasserleitungen zum Spielen gebracht werden, die Koikarpfen in ihrer bunten Vielfalt oder die Insel der Besinnung mit ihrem unübertroffen romantischen Blick auf den Schlossteich. Es sei Fürst Ottos Lieblingsplatz gewesen, heißt es. Ein Gedenkstein zeigt nicht nur seine Büste mit breitkrempigem Hut, sondern zitiert ihn ausführlich: „Die Waldeinsamkeit muss uns Deutsche etwas Befriedigendes haben. Ich liebe die großen Bäume, das sind die Ahnen. Im Walde fühle ich mich niemals vereinsamt, das muss in der Natur des Waldes begründet sein.“ Ein großes „OM“, das sich sehr weltlich ergänzen lässt durch Currywurst, Kartoffelsalat mit Würstchen oder hausgemachten Kuchen im „Café Vanessa“.

Vom Schmetterlingsgarten geht es in die Straße „Zum Schlossteich“, dann links hinein in den Schlossweg. Parallel zu

Eine Kanone aus dem Deutsch-Französischen Krieg – Kriegsbeute und Geschenk von Kaiser Wilhelm I. an Otto von Bismarck für seine Verdienste um die Reichsgründung

Ölklassiker aus dem Schulbuch im Original: die Kaiserproklamation von Versailles im Bismarck-Museum Friedrichsruh

den Eisenbahngleisen passieren wir den Bismarck'schen Familiensitz, der durch eine hohe Ziegelmauer geschützt wird. Links geht „Am Museum“ ab und das kann hier in Friedrichsruh nur auf eines hinweisen: das Bismarck-Museum: „Das Spiegelbild einer Epoche“ will das Haus mit dem „merkwürdigen Reiz der kleinen Dinge, die ein bedeutender Mensch um sich gehabt habe“, präsentieren, beschreibt Kunsthistoriker Carl Schellenberg die Stätte. Als „Denkmal deutscher Dankbarkeit“, wie es in den 1900er Jahren genannt wurde, will sich das Museum mit seiner Sammlung in der ehemaligen Gaststätte „Altes Landhaus“ nicht mehr vereinnahmen lassen.

In zehn Ausstellungsräumen und dem mit Originalmobiliar nachgestellten Arbeitszimmer geht es um den umstrittenen Politiker, der „jeden zum Todfeinde erklären wollte, der ihm ein Museum errichte“. Dafür gibt es allerdings eine Menge zu sehen, frei nach dem Motto „viel Feind, viel Ehr“. 350 Originaldokumente und etliche Replikate werden gezeigt, Kriegsüberbleibsel von historischem Rang, Bismarck-Portraits des Malers Franz von Lenbach sowie der Schulbuchklassiker Anton von Werners „Die Kaiserproklamation von Versailles 1871“ in Öl und im Original finden sich im Fachwerkhaus. Staatspräsente und Beutestücke, wie eine Kanone aus dem Deutsch-Französischen Krieg oder der Taschenrevolver eines Attentäters, runden die Sammlung ab. Uniformen, Kleidungsstücke, Gebrauchsgegenstände und die getrennten Sofas, auf denen Bismarck (geblümt) mit seinen Doggen (ledern, uni) der Ruhe pflegte, sind so denk- wie betrachtenswerte Kuriosa.

Als Gegenstück zum Museum empfiehlt sich der Besuch der Dauerausstellung der Otto-von-Bismarck-Stiftung im alten Bahnhofsgebäude Friedrichsruhs gleich um die Ecke. Dort geht es ohne allzu viele persönliche Exponate um die politische Einordnung des ersten Reichskanzlers. Schautafeln, Fotos, Karikaturen und Dokumente zeichnen „Otto von Bismarck und seine Zeit“ im historischen Kontext. Sehr lohnenswert ...

Am Museum rechts herunter über die Landstraße 208, die etwas charmanter auch als „Rosenstraße“ bezeichnet wird, geht es links weiter zur Bismarckeiche. Geradeaus lockt eine Talsenke, nicht gänzlich aus der Welt gefallen, sondern gerade ein wenig abseits der Landstraße und doch von eigenem Charme und großzügigem Zauber: Da liegt das Forsthaus Friedrichsruh – ein weißer, unverschnörkelt schöner Holzbau mit grünem Balkenwerk und Fensterstürzen, heiter und einladend mit großen Außenterrassen und Biergarten. Knapp einhundertfünfzig Jahre alt ist das Jagdhaus, in dem die Boxlegende Max Schmeling früher trainiert hat – er war ein enger

Die goldene Schreibfeder, mit der Reichskanzler Bismarck am 10. März 1871 den Friedensvertrag mit Frankreich in Versailles unterschrieb. Zu sehen in der Otto-von-Bismarck-Stiftung im alten Bahnhof Friedrichsruh, Originalgegenstände werden dagegen nur wenige gezeigt.

Freund der Familie Bismarck. Seine Boxhandschuhe hängen noch im großen, eigens für ihn eingerichteten, holzgetäfelten Trainingssaal, der bestens renoviert wurde und in dem heute anders ausgeteilt und aufgetischt wird. Als kulinarische Liebeserklärung an den Wald verstehen die Gastleute ihr Restaurant und tischen auf, was immer im Sachsenwald kraucht, äst und flaucht. Traditionell und waidgerecht arbeiten sie mit Jägern und Förstern der Region zusammen – „es muss von Herzen kommen, was auf Herzen wirken soll", das Goethewort gilt den Wildgerichten wie den Pilzspeisen und den köstlichen Nougattörtchen ohnehin. Großzügig lassen sich das selbstgebraute Bier und die köstlichen Brände aus dem eigenen Haus gleich mit hinzuzählen.

Die alte Bestimmung des Hauses mit seinen vielen gemütlichen Kaminzimmern ist unschwer zu übersehen, Zeugnisse des Waidwesens finden sich über das ganze Haus verteilt, aber durchaus erträglich auch für Menschen, die nicht permanent den Jägerchor vor sich hinpfeifen mögen. Außer in den Hotelzimmern des Forsthauses lässt sich noch in gleich drei anderen Häusern trefflich und zu zivilen Preisen übernachten: im verwunschenen Landhaus, dem bezaubernden Cottage oder der Oberförsterei. Als besonderen Clou gibt es den Waldkorb als Schlafplatz: ein Hochsitz mit zehn Quadratmeter großer Schlafkanzel unter freiem Sternenhimmel. Bollerwagen samt Picknickkorb, Brennholz, Wasser, Klappspaten und Klopapier werden nebst Mückenspray und Nachtsichtgerät für die außergewöhnliche Übernachtung gestellt. Wildbeobachtung ist unbedingt eingeschlossen.

Die Rosenstraße wieder gekreuzt, Richtung Bahnhof wird die Bahnlinie unterquert: Ein Kopfsteinpflasterplatz, links geht es eine Wiese hinan zum Denkmal „Siegender Hirsch": Die imposante Bronzeplastik haben anhaltinische Städte Bismarck zum 80. Geburtstag gewidmet. Von ihr aus fällt der Blick auf den Familiensitz und die Eisenbahnstrecke mitsamt dem Bismarckbahnhof Friedrichsruh – früher ein attraktives Ziel für Tagesausflügler im Sachsenwald. „Schneckenberg" heißt der fünfeinhalb Meter hohe prähistorische Grabhügel mit der guten Aussicht. Links führt es da gleich weiter zum Bismarckmausoleum, der Grabanlage des Fürsten und seiner Frau Johanna, die dem Mausoleum des legendären Gotenkönigs Theoderich in Ravenna nachempfunden wurde. Im oberen Teil des denkmalgeschützten Mausoleums befindet sich der Schriftzug „Ein treuer deutscher Diener Kaiser Wilhelms I." Das Mausoleum ist Privatbesitz der Familie Bismarck, jedoch für Besichtigungen zugänglich und kann auch für private Feiern angemietet werden. Aber wie sagt Theodor Fontane in aller dichterisch zupackenden Finesse : „Lärmt nicht so, hier unten liegt Bismarck irgendwo ..."

Durch die waldigen Hügel windet sich der Weg bis zur Straße mit dem verwunderlichen Namen „Krim". Rechts einbiegen und von dort auf der Alten Schulstraße zurück zum Bahnhof Aumühle. Zumal im Frühling ist das Villenviertel Aumühle einen Spaziergang wert, wenn die Blutahorn-Bäume in der Bismarckallee ausschlagen und sie in ein rotes Blättermeer verwandeln. Riesige, parkähnliche Grundstücke, mächtige Villen aus der Gründerzeit, eine faszinierende Zeitreise per pedes ist der Weg bis hin zum Bismarckturm.

„Wo etwas Großes ist vollbracht, hat's immer einer nur gemacht." In Friedrichsruh und Aumühle kann mit solch markigem Dichterwort ja eigentlich nur Otto von Bismarck gemeint sein, allein der Spruch gilt seinem Freund und Verehrer Emil Specht, dem es gelungen ist, aus dem verschlafenen Aumühle einen noblen Villenvorort zu machen, versteht sich, dass die Sache finanziell keineswegs nachteilig für ihn ausgegangen ist. Am 27 Meter hohen Bismarkturm – wo auch sonst – erinnert ein Gedenkstein mit obiger Inschrift an den findigen Investor des ausgehenden neunzehnten Jahrhunderts.

Vom sehr schön restaurierten Turm aus, der die Bismarckverehrung mit dem praktischen Nutzen als Aussichts- und Wasserturm verband und heute die Gemeindebücherei und das Aumühler Archiv beherbergt, lässt sich die Villenkolonie bestens überschauen. 1891 wurde sie von Emil Specht gegründet, nicht ohne die selten gesunde Lage zu betonen: Sachsenwald-Hofriede. Kaufinteressenten wurde nahegelegt, neben der Kaufsumme für Grundstück und Immobilie noch ein Bankguthaben von 100 000 Mark nachzuweisen – im Paradies möchte man schließlich unter sich sein und bleiben. Diese solvente Großbürgerlichkeit verströmt Aumühle auch heute noch, wenngleich es mittlerweile der Wohnort von 3 000 Menschen geworden ist.

Wem die gediegene Villenruhe zu ruhig ist, der kann sich generationenübergreifend gleich um die Ecke herum austoben, Herausforderungen stellen und, ohne gleich jede Sicherung auf-

zugeben, den Abenteuerpfad des Lebens betreten oder besser erklimmen: „schnurstracks“ heißt der Kletterpark im Sachsenwald, der die Gegend noch einmal ganz anders und gleichsam intim erfahren lässt, von Baum zu Baum, aber eben nicht zu ebener Erde, sondern in sechs bis vierzehn Metern Höhe. Angeleint am „Rope Roller“-System, das alle Freiheiten lässt und zugleich größte Sicherheit bietet, die Besucher ausklinken, kann nur das Kletterparkteam. Fünf verschiedene Parcours, 48 Stationen im alten Buchen- und Eichenwald, das macht etwas her, inklusive freiem Fall aus dreizehn Metern Höhe am Ende mit sanfter Bremsung und federleichter Rückkehr auf den Boden der Tatsachen. Verschiedene Schwierigkeitsgrade von „kinderleicht“ bis „schwarzer Piste“ werden geboten, als Mindestgröße sind 1,20 Meter angegeben, als maximales Körpergewicht 120 Kilo. Die tiefe Konzentration auf ein klares Ziel lässt sich hier trainieren, als sei Robin Hood gleich um die Ecke und der Sachsenwald der Sherwood Forest. Intuitives Bogenschießen mit Trainer: Weg und Ziel fallen zusammen und jeder Schuss ist ein Stück tiefer Lebenserfahrung.

Weitblick mit Funktion verbunden: Aumühles Bismarckturm war Wasserturm der Villenkolonie vor den Toren Hamburgs und Aussichtspunkt zugleich. Kanzlerehrenmal sowieso

Rundweg Sachsenwaldau

Start und Ziel: Bushaltestelle Ohe, Am Hünengrab **(1)** der Linie 436 (ab S-Bahn Reinbek) oder der Linie 333 oder Wanderparkplatz Hoibeken/Uhlenbusch **(2)**

Dauer: etwa zwei Stunden

An der denkmalgeschützten Kopfsteinpflasterstraße Hoibeken, der Kreisstraße 27, gehen wir bergab in Richtung Sachsenwaldau. Nach einigen hundert Metern sehen wir rechts, am Ende einer Allee, ein weißes, historisches Gebäude **(3)**, das ehemalige Erholungsheim der Hamburger Reederei HAPAG. Heute erhalten hier sucht- und psychischkranke Menschen Hilfe in dem „Sozialtherapeutischen Zentrum Sachsenwaldau".

Wir bleiben auf dem Hauptweg, der an diesem Anwesen und seinen zahlreichen Nebengebäuden vorbeiführt, und gehen bei nächster Gelegenheit den sandigen Weg links bergauf. Umgeben von Pferdeweiden spazieren wir bald unmerklich auf dem Archäologischen Wanderweg. Erst an der Wegkreuzung wird uns dieses bewusst. Unter einem hölzernen Schutzdach steht der Schalenstein, ein vorgeschichtlicher Kultstein mit interessanter Oberflächengestaltung **(4)**. Der Rundwanderweg „Oher Gräberfeld" ist eine lohnende, sehr gut markierte, etwa einstündige Extratour.

Wir wenden uns gen Osten und gehen auf einem Feldweg etwas bergauf. Der nächste Abzweig auf der rechten Seite führt uns bergab in Richtung Bille. Im Wald treffen wir auf einen breiteren Weg, auf dem wir links gehen. Bereits nach wenigen Schritten stehen wir hoch über

Vorgeschichte hautnah: Schalenstein (1500 vor Christus) am Oher Gräberfeld

dem Fluss. Kurz stromaufwärts geht es bis zur Doktorbrücke **(5)**, die wir überqueren. Dann geht es scharf rechts bergauf und schon befinden wir uns auf dem Wanderweg, der uns stromabwärts entlang der Bille bis zur Fürstenbrücke **(6)** führt. Dies ist eine der eindrucksvollsten Passagen entlang des Flusses auf dem hohen Billeufer. Nach Überquerung der Fürstenbrücke halten wir uns rechts und an der nächsten Weggabelung gehen wir wieder rechts. Schnurgerade führt jetzt der Weg zurück zu unserem Parkplatz oder in Richtung Bushaltestelle.

Billewanderweg im Sachsenwald kurz vor der Fürstenbrücke

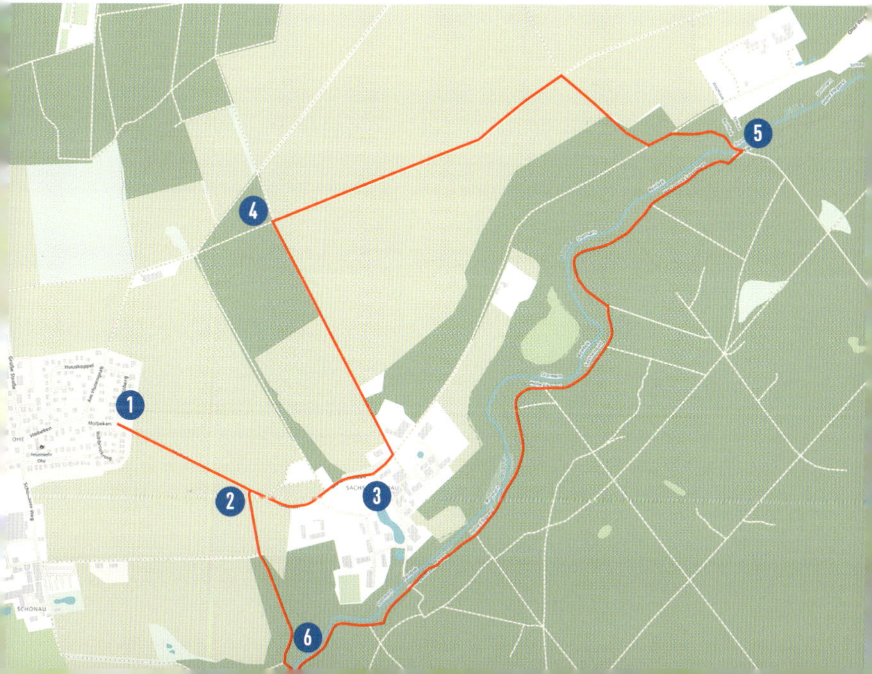

Radrundtour von Bergedorf über Reinbek, Wohltorf, Aumühle, Friedrichsruh, Basthorst, Hamfelde, Kuddewörde, Aumühle, Schönningstedt Reinbek, Bergedorf

Start und Ziel: S-Bahnhof Bergedorf

Dauer: etwa 4 Stunden, also eine Tagestour

Unsere Rundfahrt beginnt auf dem Bahnhofsvorplatz. Gleich nebenan, am Serrahn, schnuppern wir etwas Hafenluft und schieben unsere Räder Richtung Wehr. Von der Brücke der Alten Holstenstraße haben wir einen Postkartenblick auf Schloss Bergedorf und die Bille, radeln ein paar Meter zur St. Petri und Pauli Kirche, am Hasseturm vorbei und schieben die Fahrräder über den Johann-Adolf-Hasse-Platz links um die Kirche herum zum Bergedorfer Schloss.

Nun geht es am Schloss vorbei, über die weiße Hochzeitsbrücke und die Fußgängerampel an der Ernst-Mantius-Straße, am Schillerufer entlang bis zur Chrysanderstraße. Hier links im Tunnel unter der Eisenbahn hindurch, den kleinen Rad- und Fußweg (Paul-Wenck-Weg) links wieder zur Bille nehmen und hinter der Brücke rechts abbiegen. Dem Billewanderweg folgen wir nun einige Kilometer direkt am Ufer des Flusses, an den Brauereiteichen vorbei und durch den Krähenwald – die Bille und etwas später auch die Bahnlinie befinden sich immer rechts von uns. Bergab geht es jetzt auf Reinbeker Gebiet. Auf der rechten Seite erscheint eine mächtige Eisenbahnbrücke. Direkt vor uns fließt die Bille. Hier nun rechts unter dem Backsteinbogen der Brücke hin-

Verwunschene Landschaft bei den Brauereiteichen in Bergedorf

durch (lieber absteigen!) und gleich wieder links über die schmale Brücke, die uns weiter in die Reinhardtallee und später links in den Billeweg führt.
Dem Billeweg folgen wir bis zur Oberen Bahnstraße, auf der wir bis zu ihrem Ende fahren. Nach Ampelüberquerung sind wir am Reinbeker Bahnhof angekommen. Jetzt geht's die Sophienstraße bergauf. Wir biegen rechts ab über die Bahnbrücke (Herzog-Adolf-Straße) und dann gleich links in den Wald. Der Eschenweg

S-Bahnhof Reinbek – von hier aus geht es rasch zum Bad im Tonteich!

führt in Richtung Naturfreibad Tonteich.
Nun radeln wir bergab und später über eine weitere Billebrücke, danach ganz steil den Berg hinauf. Am Tonteich heißt hier die Straße, auf der wir links weiterfahren. Den S-Bahnhof Wohltorf umfahren wir über die Straße „An den Pappeln", die dann zur Parkallee wird und als Sackgasse endet. Nur ein kleiner Weg führt uns weiter in den Wald hinein. Jetzt rechts abbiegen, links befindet sich der Bahndamm und rechts bald die Grundschule Wohltorf samt Turnhalle.
Wir fahren über eine weitere Billebrücke in Richtung der Siedlung Krabbenkamp. Rechts fließt nun die Bille. Ein großer Findling taucht vor uns auf. Hier fahren wir rechts und sofort wieder links stromaufwärts am Fluss entlang. Nach einigen hundert Metern

50 Meter lang ist die Billebrücke hinter der Krabbenkampsiedlung

bitte absteigen, um die 50 Meter lange Billebrücke zu überqueren. Jetzt rechts in den Billeweg und sofort wieder links in die Straße Ellerhorst fahren. Am Ende links in die Große Straße, dann in die Bergstraße, jetzt links abbiegen in die Hofriedeallee, nochmals links in die Bismarckallee, die später Emil-Specht-Allee heißt.

Wir haben jetzt den S-Bahnhof Aumühle erreicht. Hier schieben wir unsere Räder direkt am historischen Bahnhofsgebäude vorbei, überqueren an der Ampel die Schönningstedter Straße und fahren weiter in die Straße „Am Mühlenteich“. Das WaldesRuh am See lockt mit Kaffee und Kuchen. Unsere Radtour führt uns aber nach wenigen Metern auf der Straße „Am Mühlenteich“ rechts in den Wald hinein. Die Wegweiser Eisenbahnmuseum, Schmetterlingsgarten und Forsthaus sind nicht zu übersehen. Auf dem breiten Waldweg fahren wir Richtung Friedrichsruh, dann über die Holzbrücke der Schwarzen Au. Es wird nun lichter, Weiden, Pony- und Pferdegatter säumen unseren Weg. Links befindet sich der Garten der Schmetterlinge am Schlossteich, wir fahren rechts in den Schloßweg, am Schloss und später am Bismarck-Museum vorbei und überqueren die Rosenstraße.

Bahnhof Aumühle, per Fußgängerbrücke ins Grüne

„WaldesRuh am See“ – ruhige Zuflucht, gute Küche im Sachsenwald

Bergauf geht’s über den Ödendorfer Weg, vorbei am Forsthaus und geradeaus in den tiefen Wald. An der Gabelung den rechten Weg nehmen. Auf dem breiten Forstweg radeln wir weiter gen Norden. Kurz vor der Bundesstraße 404 fahren wir links in Straße „Am Waldrand“ in Richtung Oedendorf/Kasseburg. Nahe der Bushaltestelle Oedendorf, am Tannenweg, queren wir die Bun-

Das Bismarck-Museum, Bismarck satt

desstraße und radeln etwa einen Kilometer auf der Straße. Einen Radweg gibt es hier nicht.
Rechts fahren in Richtung Basthorst auf einem geteerten Radweg neben der Hauptstraße (Sachsenwaldstraße) bis zum Löschteich in Möhnsen. Hier links in die Schwarzenbeker Straße biegen, über die Autobahnbrücke fahren.

Alte Telefonzelle zum Büchertausch am Hamfelder Mühlenteich

Zwei Kilometer später befinden wir uns in Basthorst.
Die L 159, in Hamfelde (Kreis Herzogtum Lauenburg) heißt sie Mühlenstraße, führt natürlich an der Windmühle vorbei. Zum Mühlenteich lohnt sich ein kleiner Abstecher: neben dem Feuerwehrhaus befindet sich in einer alten gelben Telefonzelle der Hamfelder Bücherschrank. Hier kann man sich gute Bücher leihen und sie auf der Schmökerbank neben dieser Minibibliothek auch gleich lesen.

Zurück geht's auf die Straße Mühlenteich, danach links in die Dorfstraße und dann rechts bis zur Hauptstraße (Möllner Landstraße) fahren. Auf der anderen Straßenseite liegt ebenfalls Hamfelde (Kreis Stormarn). Auf dieser Seite ist auch der geteerte Radweg, den wir in Richtung Trittau fahren, am Restaurant „Waldes-

Restaurant Waldeslust in Hamfelde, halbverborgen, aber entdeckenswert

lust" (das etwas versteckt oberhalb unseres Weges liegt) vorbei. Links auf der anderen Straßenseite (Möllner Landstraße) am Hinweisschild „Reinbek 21 Kilometer", „Kuddewörde 4 Kilometer" in den schmalen Sandpfad einbiegen. Dieser Weg schlängelt sich durch den Bruchwald, wir entdecken wieder die Bille und überqueren sie auf einer Holzbrücke. Später den Hinweisschildern Reinbek/Kuddewörde folgen. Wir radeln durch Wiesen, Felder und Wäldchen

In Kuddewörde liegt der Gasthof „Zur Eiche“ gleich neben der St. Andreas Kirche. Wir fahren durch das Dorf Kuddewörde und biegen kurz vor dem Ortsausgang rechts über Kopfsteinpflaster in den Wald ein. Wir bleiben auf dem breitem Hauptweg und unterqueren bald die Autobahn 24. An unserem Weg liegt die kleine

Die Billebrücke südlich von Hamfelde

Schnurstracks durch den Sachsenwald: der gut ausgebaute Radweg

Waldsiedlung Witzhaver Viert mit einigen Häusern, Pferdestall und Koppeln. Es geht weiter geradeaus, vorbei am Forsthaus. Bei der Waldkreuzung halbrechts (fast geradeaus) in die Lindenallee fahren. Dieser breite Waldweg durchquert den Sachsenwald und endet als Kopfsteinpflasterstraße kurz vor dem Mühlenteich mit seinen Ausflugslokalen Fürst Bismarck Mühle, Italia und WaldesRuh am See. Rechts hinter der Bismarck-Mühle und kurz vor dem Ortsausgang Aumühle treffen sich die Schwarze Au und die Bille.
Wir fahren in Richtung Reinbek auf dem Radweg neben der Hauptstraße. Rechts sieht man das Bismarck-Mineralwasser-Werk. Nun auf dem Radweg, der parallel zur Sachsenwaldstraße verläuft, bergauf zur Bismarcksäule. Wir erreichen kurze Zeit später Niemann's Gasthof (nur noch Hotel). An der Kreuzung Schönningstedter Straße biegen wir links ein in Richtung Reinbek. Etwa ab der Schönningstedter Windmühle (Restaurant) geht es angenehm bergab entlang der Schönningstedter Straße in den Ortskern von Reinbek. Über den Rosenplatz und die Kreuzung Hamburger Straße radeln wir bergab und geradeaus bis zur Oberen Bahnstraße. Hier rechts abbiegen und nun an der Bahnlinie entlang bis zur Billebrücke. Wir überqueren den Fluss und fahren geradeaus in den Wald.

Die Pionierbrücke signalisiert uns die Ankunft in der Hansestadt Hamburg.
Nun fahren wir nach links und bei nächster Gelegenheit auf dem Wanderweg rechts den Berg hinauf – steiler Anstieg, dann rasante Abfahrt, wieder Anstieg, nun sehen wir die Luisenschule, rechts das Billtalstadion. Der

Hamburg-Wappen in Backstein am Luisen-Gymnasium in Bergedorf

Straße Reinbeker Weg folgen, danach rechts in die Von-Anckeln-Straße und links in die Daniel-Hinsche-Straße. Jetzt sieht man wieder die Bergedorfer Windmühle und fährt über das Schillerufer rechts in die Ernst-Mantius-Straße, dann geradeaus über den Kreisel in den Weidenbaumsweg zum Bahnhof Bergedorf.

Ev.-Lutherische Kirchengemeinde St. Petri und Pauli
Bergedorfer Schloßstraße 2
21029 Hamburg
T. 040 7214460
stpetriundpauli-bergedorf.de

In aller Munde – Restaurant-Bar-Event
(im Bergedorfer Schloss)
Bergedorfer Schloßstraße 4
21029 Hamburg
T: 040 21993077
inallermunde.hamburg

Bille-Bad
Reetwerder 25
21029 Hamburg
T. 040 188890
baederland.de

Café Meinz Minigolf Bergedorf
Schillerufer 10
21029 Hamburg
T. 0176 43720179
cafemeinz.de

Bootshaus Bergedorf
Schillerufer 41
21029 Hamburg
T. 0175 1507724
bootshaus-bergedorf.com

WaldesRuh am See
Am Mühlenteich 2
21521 Aumühle
T. 04104 69530
waldesruh-am-see.de

Fürst Bismarck Mühle
Mühlenweg 3
21521 Aumühle
T. 04104 2028
bismarck-muehle.com

Garten der Schmetterlinge
Am Schloßteich 8
21521 Aumühle
T. 04104 6037
gartenderschmetterlinge.de

Eisenbahnmuseum Lokschuppen Aumühle
Am Mühlenteich
21521 Aumühle
T. 04104 9639208
vvm-museumsbahn.de

Restaurant Pferdestall / Gut Basthorst
Auf dem Gut 3
21493 Basthorst
T. 04159 82520 oder -810816
gut-basthorst.de/restaurant

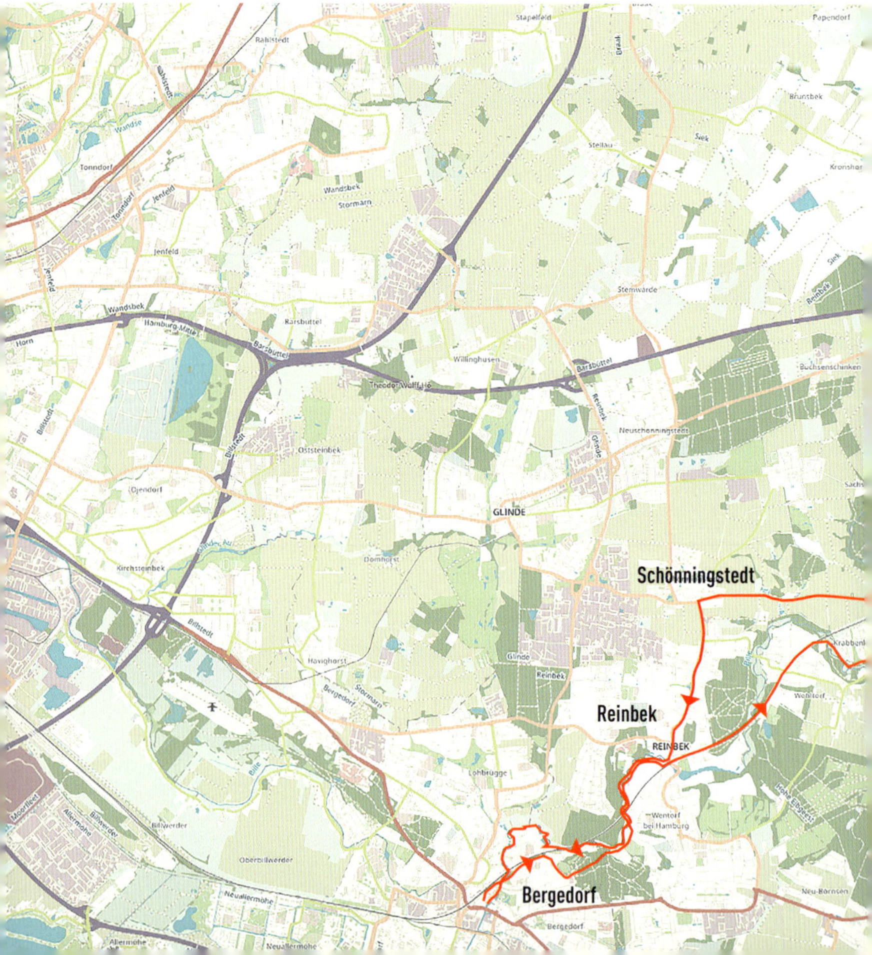

St.-Marien-Kirche Basthorst
An der Kirche 5
21493 Basthorst
T. 04159 338
kirche-basthorst.de

Gasthof Waldeslust
Dorfstraße 6
22929 Hamfelde
T. 04154 2526
waldeslust-hamfelde.de

Gasthof zur Eiche
Am Brink 5
22958 Kuddewörde
T. 04154 2350

Niemann's Gasthof (nur noch Hotel)
Inhaber: Joachim Niemann e.K.
Silk 5
21465 Reinbek
T. 04104 2391
niemann-gasthof.de

Wanderung Aumühle – Friedrichsruh

Start und Ziel: S-Bahnhof Aumühle

Dauer: knapp zwei Stunden

Am italienischen Restaurant Harlekin **(1)** vorbei, gehen Sie geradeaus über die Ampel der Hauptstraße (Schönningstedter Straße) in die kleine Straße „Am Mühlenteich", die bergab führt. Nach 50 Metern rechts in Richtung „Eisenbahnmuseum" in den Wald hineingehen. Dem breiten Wanderweg folgen. Bald tauchen auf der rechten Seite die Gebäude des Reitstalls „Biß" auf, riechen kann man die harmlosen Vegetarier schon etwas früher. Kurz danach sehen wir auf einer Anhöhe den Lokschuppen des überaus sehenswerten „Eisenbahnmuseums". **(2)** Der Wanderweg führt uns über die Holzbrücke des kleinen Flusses „Schwarze Au" **(3)**. Weiter geht's Richtung Schmetterlingsgarten und Forsthaus Friedrichsruh. Es ist ein breiter Wanderweg entlang der Schwarzen Au, gesäumt von einigen Parkbänken für die jetzt schon erschöpften Wanderer.

Zum Schmetterlingsgarten Friedrichsruh

Nun wird es lichter, Weiden (Pony- und Pferdegatter) links und rechts eine Tannenbaumzucht, links zum gut ausgeschilderten Schmetterlingsgarten **(4)**. Diese kleine Wanderung dauert bisher gut 20 Minuten. Direkt am Schloßteich befindet sich der Garten der Schmetterlinge. Nach Besichtigung und Erfrischung im Café verlassen wir die Idylle und biegen von der Straße „Am Schloßteich" nach links in den Schloßweg. Wieder links folgen wir der nun direkt an der Eisenbahnlinie verlaufenden Straße. Links begleitet uns zunächst ein Holzzaun, später eine hohe Ziegelmauer. Ein Blick auf das Bismarcksche Anwesen **(5)** ist kaum möglich. Gleich passieren wir das Eingangstor. Kurz dahinter heißt die Straße „Am Museum" **(6)**. Selbiges steht auf der rechten Seite und präsentiert „das Spiegelbild einer Epoche" (Carl Schellenberg, Kunsthistoriker aus Hamburg).

„Otto von Bismarck und seine Zeit" im historischen Bahnhof von Friedrichsruh

Jetzt überqueren wir die Rosenstraße (L 208) und gehen den Ödendorfer Weg zum Forsthaus Friedrichsruh **(7)** hinauf. Hier sind die Boxhandschuhe zu bestaunen, die Max Schmeling zum Training für seinen Weltmeisterschaftskampf 1938 nutzte. Speisen kann man auch. Nun wieder bergab zur Rosenstraße, die wir überqueren und nach links weitergehen (ab hier heißt sie „Am Sägewerk"). Rechts in die Straße „Am Bahnhof" biegen. Im ehemaligen Bahnhof Friedrichsruh, einem restaurierten Bau des Klassizismus, befindet sich die Otto-von-Bismarck-Stiftung. Die Dauerausstellung

Wo Boxlegende Max Schmeling hart trainierte: Forsthaus Friedrichsruh

„Bismarck und seine Zeit" ordnet das Wirken des Politikers in den geschichtlichen Kontext **(8)**. Nach Unterquerung der Bahnlinie erscheint vor uns ein kopfsteingepflasterter Platz **(9)**. Auf der rechten Seite fuhrt eine Treppe zum Eingang des Bismarckmausoleums **(10)**.

Historisches Kopfsteinpflaster am Bismarckmausoleum in Friedrichsruh

Wir gehen links die Treppe hinauf, überqueren eine Wiese und stehen vor dem Denkmal „Siegender Hirsch“, ein Geburtstagsgeschenk zu Bismarcks 80. im Jahre 1895. Von hier hat man einen Blick auf das Anwesen der Familie Bismarck. Wir gehen links am Denkmal vorbei und sehen einen großen Hügel, der Schneckenberg, ein 5,30 Meter hoher vorgeschichtlicher Grabhügel.

Auf der gegenüberliegenden Straßenseite thront das Bismarckmausoleum, das auch besichtigt werden kann. Südlich von diesem Grundstück führt ein Weg in den Wald, dem wir folgen. Markiert ist er mit einer weißen „6“.

Durch hügeligen Wald windet sich der Wanderweg zur Straße Krim, hier rechts die Straße hinunter gehen bis zu einer Gabelung **(11)**.

Hier geht's nach links unter der Einbahnlinie hindurch. Dann treffen wir wieder auf die Holzbrücke. Nun nach links über die Schwarze Au, bald erreichen wir erneut das Eisenbahnmuseum. Dem Weg in Richtung Bahnhof Aumühle folgen.

Harlekin Restaurant - Pizzeria
Bahnhofstraße 2
21521 Aumühle
T. 04104 695479
harlekin-aumühle.de

Eisenbahnmuseum Lokschuppen Aumühle
Am Mühlenteich
21521 Aumühle
T. 04104 9639208
vvm-museumsbahn.de

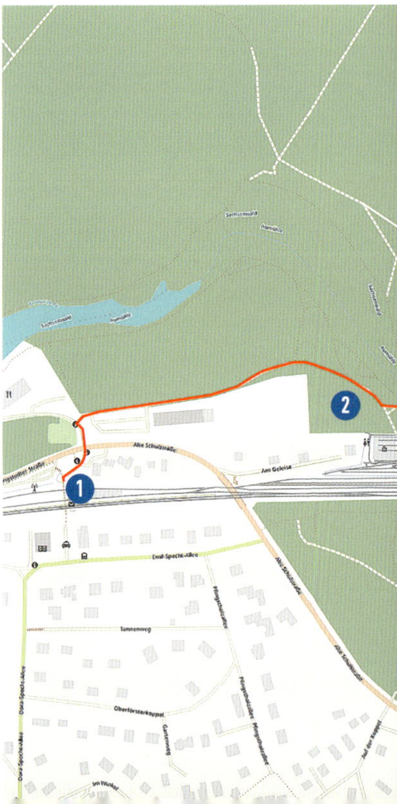

Garten der Schmetterlinge
Am Schloßteich 8
21521 Aumühle
T. 04104 6037
gartenderschmetterlinge.de

Forsthaus Friedrichsruh
Ödendorfer Weg 5
21521 Aumühle
T. 04104 6992899
forsthausfriedrichsruh.de

Café Vanessa im Garten der Schmetterlinge
Am Schloßteich 8
21521 Aumühle
T. 0172 40482626

Otto-von-Bismarck-Stiftung
Am Bahnhof 2
21521 Friedrichsruh
T. 04104 97710
bismarck-stiftung.de

Noblesse auf dem Land

Wohltorf, Wentorf und Schönningstedt

Das alte Wort vom „Wohlstand für alle“ ist hier nach wie vor Realität: Wohltorf schmiegt sich in seiner Mischung aus Villenviertel und Dörflichkeit fast übergangslos an Aumühle und gilt als eine der kaufkraftstärksten Gemeinden Deutschlands, versteht sich, dass der 2500-Seelen-Ort gänzlich schuldenfrei ist. Im Wispern der wohlgepflegten Ligusterhecken an den Villengärten scheint das zarte Rauschen ansehnlicher Aktienbündel diskret aufzugehen. Aufdringlich viele Möglichkeiten, das Geld auch vor Ort auszugeben, finden sich nicht. Zwischen den gepflegten Villen gibt es einen Supermarkt, das chinesische Traditionsrestaurant „Westsee-Palast“ am Bahnhof mit seinen cashewbestäubten Leckereien und im Klubhaus des Tontaubenklubs „Taube am Tonteich“ lässt sich gutbürgerlich speisen. Das weiß man im Wohlstand Wohltorfs sehr zu schätzen, doch nicht allein die hockey- und tennisspielenden Mitglieder des Tontaubenklubs sind hier willkommen, die Taube steht jedem Gast offen.

Das Team serviert den Dauerbrenner Currywurst mit hausgemachter Currysauce nach Geheimrezept – unter dem Siegel der

Der Wohtorfer Kirchenstieg verläuft auf der südlichen Seite des Mühlenteiches.

Verschwiegenheit wird gerade noch raunend verraten, dass darin 42 Gewürze verarbeitet werden.

Unaufgeregt ländlich und nobel ist das Leben sowie das Bad im Tonteich ein fast schon verpflichtender Genuss, dem Schauspieler Bjarne Mädel als jugendlicher Anwohner oft nachkam und den er jetzt als Berliner vermisst. 1911 zerstörte ein Großfeuer die Friedrichsruher Tonwerke unweit der Bille und die Tongrube füllte sich mit Wasser von großer Qualität, mit hohen Eisen und Manganwerten. Es entstand ein Naturfreibad mit schattigen Liegewiesen, über die Froschquaken hallt, mit Sonnenstegen, Wasserrutsche und Sprungturm, das seinesgleichen sucht – aber auch längst über den Status des Geheimtipps hinausgewachsen ist. Unbedingt angehen oder mit dem Fahrrad anfahren, um hineinzuspringen, pure Land- und Badelust. Im Kern Wohltorfs liegt der alte Dorfteich, schilfbewachsen, wunderschön umgeben von alten Katen und einem Bauernhof,

ein Idyll mit großbehornten, buschigen Gallowayrindern, die wie aus der Zeit gefallen wirken – so wie es sich für die Fantasie vom perfekten Vorort gehört, den reiche Hanseaten Anfang der 1900er Jahre zur Stadtflucht erwählten – das Vorbild Aumühle nebenan und die neue Bahnstrecke nach Berlin machten es ja leicht und möglich.

In diskretem Abstand und doch direkt an Wohltorf findet sich der Familienbetrieb, dessen Name in aller Klarheit ausdrückt, worum es hier einzig geht: Niemann's Gasthof. 1854 kaufte Jochen Niemann eine kleine Kate mit Schankgenehmigung inklusive zweier Kühe, einem Schwein, vier Hühnern mit-

Panoramablick auf den Mühlenteich, das Grenzgewässer: das rechte Ufer mit dem Reinbeker Schloss ganz außen ist die Stormarner Seite, die Wohnhäuser und Villen mit den großzügigen Ufergrundstücken im oberen Bildbereich gehören zum Kreis Herzogtum Lauenburg.

samt Hahn und zehn Bienenstöcken als rustikale Grundlage für einen gastronomischen Betrieb. Reisenden Getränke oder kleine Mahlzeiten anzubieten, war das Gewerbe, das sich mit der Entdeckung der nahen Sommerfrische durch die Hamburger manifestierte: 1885 wurde die Kate zum Gasthaus umgebaut, Saal, Schankraum und 25 Betten bot der Sohn des Gründers Martin Wilhelm Niemann den Gästen mit Erfolg an. Zum Restaurant wurde der Gasthof dann mit dem Ausbau der Straße zwischen Schönningstedt und Aumühle. Nach 167 Jahren schließt der jetzige Chef in sechster Generation Joachim Niemann das Restaurant, seine Tochter führt den Traditionsbetrieb als Hotel weiter - eine gediegene Unterkunft für Reisende, die vom Jetset so entfernt sind wie Normalbürger vom Durchschnittseinkommen Wohltorfs.

Danach hinunter zur Bille, steil hinab zum kleinen Brückchen am knietiefen Wasser auf dem hellen Sand entlang: die Füße zum Plantschen ins Wasser, Kindertraum, Erwachsenenfreude am Wanderweg. Das Schöne an der Gegend ist die Abschweifung: Schönningstedt – der sogenannte „Stadtteil im Grünen“ – ist gleichsam das Lächeln der Region, dem sich einfach spazierend hingeben lässt. Auf einer Anhöhe und umgeben von vier Seen, die der Volksmund unaufgeregt Teiche nennt, was ihrem Zauber kaum Abbruch tut. Auf dem großen Reetteich tummeln sich allerlei Wasservögel heimischer Art vom Blesshuhn bis zum Schwan, der Salteich mit seiner kleinen Quelle hallt wieder von Gänsegeschnatter und Entenquaken, der Teich im Kattenmoor ist keine unbedingte Attraktion, aber eben vorhanden, der Kuhlenteich dann wieder versöhnt dafür mit seinem dörflichen Charme. Zu dem zählt allemal die Schönningstedter

Die Schönnigstedter Mühle, Kopie des abgebrannten Originals von 1886 – eine charmante Mischung aus Alt und Neu. Restaurant mit großer Außenterrasse

Mühle, die 1886 als markantestes Gebäude des Ortes errichtet, gute hundert Jahre später niederbrannte und originalgetreu wiederaufgebaut wurde. Als „Hannemanns Mühle“ wurde sie zum vielbesuchten Restaurant, wechselte die Besitzer und ist heute eine charmante Mischung aus Neu und Alt.

In der Waldung „Oher Tannen“ lässt es sich gut wandern. Eine Tour, die man dann noch nach Belieben ausdehnen und eventuell durch ein Rendezvous mit Fuchs, Has', Wildschwein oder Reh krönen kann. Die Hoffnung stirbt zuletzt, aber scheu sind die Bewohner des Waldes, auch wenn Großstadt Hamburg nicht fern ist. Am hübschen Amelungsbach durch Wohltorf geht es entlang in die Wentorfer Lohe mit abwechslungsreicher Wald- und Wiesenlandschaft – leichte Wege, eine Runde auf dem 250 Hektar großen Gelände ist in knapp vier Kilometern gemacht. Schafe pflegen grasend die entstandenen Naturwiesen. Schmetterlinge, Streuobstwiesen, Wasserlachen, Wald-

Billebrücke im Billetal bei Silk

Pferdekoppel auf Gut Silk – dem Reiterparadies. Einladung zum Hofrundgang und Kinderreitschule mit Ponys werden geboten.

abschnitte, alte Apfelbaumsorten und Moorgras, Hainbuchen und wilde Rosen: ein verwilderter Garten Eden lässt grüßen.

Eine schönere Begrenzung als die zwischen Wentorf und Reinbek, Landkreis Stormarn und Herzogtum Lauenburg, lässt sich kaum denken: Der Mühlenteich mit seinen Villengrundstücken und den uralten Baumpersönlichkeiten rundum ist ein Juwel und zu jeder Jahreszeit auf seine ganz eigene Art attraktiv. Gegenüber dem Schloss lässt sich am Ufer promenieren und die Fantasie träumt über Bewohner und Gebäude, über Zeiten und Menschen. Hier sehen Seniorenheime so aus wie das mächtige Parkschloss Wentorf, hier finden sich Plätze geistiger Geschmeidigkeit wie die Villa Willemsen. 1889 gebaut hat es der Hamburger Großbaumeister Martin Haller – der viel zu früh verstorbene Roger Willemsen fand hier den Ort für inspiriertes

und kreatives Arbeiten. Als Künstlerhaus wird die Villa in seinem Namen erhalten – den jeweiligen Stipendiaten, die dort arbeiten, ist Ruhe zu gönnen, von daher gilt es von Besuchen abzusehen, der leise Blick aber soll schweifen.

Am rauschenden Wehr des Mühlenteichs ist die Kanueinsatzstelle: Von Schloss zu Schloss, von Reinbek bis Bergedorf, lässt sich die Bille hier reizvoll befahren – immer wieder versehen mit leichten Hindernissen, die die Paddeltour zum spannenden Abenteuer ohne große Gefährdung machen. Die Bille hat eine schwache Strömung, lässt sich also durchaus in beide Richtungen auf dem Wasser nutzen – bei schönem Wetter ist durchaus mit Kanutenaufläufen zu rechnen. Wahrscheinlich nicht unbedingt das Anlaufziel begeisterter Paddler, sondern eher wohlsituierter Billetouristen ist das Waldhaus Reinbek. Fünf-Sterne-Hotel mit 49 individuell gestalteten Zimmern im Landhausstil, in aller gewünschten Waldeinsamkeit – was lässt sich mehr sagen. Von kulinarischen Höhepunkten in facettenreicher Restaurantlandschaft raunt die Karte und bietet kreative Kochkunst.

Billezauber: der Mühlenteich am Reinbeker Schloss mit Villenkolonie am Wasser

Wanderung rund um den Mühlenteich und durch den Reinbeker Schlosspark

Start und Ziel: S-Bahn-Station Reinbek oder Parkplatz vor dem Reinbeker Schloss (gebührenfrei, aber an Parkscheibe denken)

Dauer: etwa eine Stunde, nicht als Fahrradtour geeignet

Wir gehen durch den Schlosspark **(1)** zum Wanderweg, der uns direkt zum Mühlenteich führt. Das große weiße Gebäude gleich am Ufer, das heute als Praxis- und Bürohaus genutzt wird, war bis 1976 das Betriebsgebäude des ersten Elektrizitätswerks Reinbeks **(2)**. Es wurde 1899 vom Hamburger Uhrmacher Ernst Sperling in Betrieb genommen und hatte ein Jahr später bereits 74 Kunden. Vorgängerbauten an dieser Stelle waren Korn- und Gerbermühlen. Die Wasserkraft der Bille ist noch heute eindrucksvoll am Mühlenwehr sichtbar.

Auf dem Uferweg **(3)** eröffnen sich immer wieder schöne Blicke auf Schloss Reinbek mit seinem Schlosspark. Soeben haben wir den Landkreis Stormarn verlassen und befinden uns jetzt im Landkreis Herzogtum Lauenburg.

Dieser Sandweg (mit zwei Parkbänken versehen) mündet nach wenigen 100 Metern in die Straße „Am Mühlenteich“, die später „Golfstraße“ heißt und zum örtlichen

Mühlenteich mit Reinbeker Schloss und dem ersten Elektrizitätswerk

Wildromantischer Herbst am Wohltorfer Kirchenstieg

Golfplatz (Wentorf-Reinbeker Golf-Club e.V.) führt. Hier am Südufer befinden sich Wohnhäuser und Villen aus der Zeit der vorigen Jahrhundertwende, u.a. das ehemalige Wohnhaus von Roger Willemsen, das heute von der Mare Stiftung unterhalten wird. Der Straße nun bergauf folgen, bis links ein Wanderweg in den Wald führt. **(4)**. Das Parkschloss Wentorf beherbergt heute eine Seniorenresidenz und liegt oberhalb unseres Waldwegs.
Am Wohltorfer Kirchenstieg beginnt ein wildromantischer Waldspaziergang, der immer wieder Blicke auf die tief unter uns fließende Bille und die Villenbebauung am gegenüberliegenden Ufer an der Buchtallee eröffnet. Das Gelände rechts von uns ist steil aufragend.

Der Wanderweg führt uns nach einer Weile bergab. Auf der schmalen Bauerbrücke **(5)** überqueren wir die Bille und haben damit wieder den Landkreis Stormarn erreicht.
Jetzt sind wir in der Buchtallee, gehen dann links in die Bahnsenallee mit ihren schönen Häusern, weiter links in die Ladestraße und von dort direkt in den Schlosspark **(6)** und weiter zu unserem Ausgangspunkt.

Schloss Reinbek
Schloßstraße 5
21465 Reinbek
T. 040 72750811
schloss-reinbek.de

Südliche Leichtigkeit am Mühlenteich

Schloss Reinbek

Schlossbesitzer werden – für fünf Euro kann man das schon mal machen. Das ganze Reinbeker Renaissanceschloss bekommt man dafür als Nachbau auf stabilen Papierbögen: Schere her und jede Menge Geduld, dann steht irgendwann in Klein etwas sehr Großes vor einem, Bauzeit wahrscheinlich weniger als die vier Jahre, die es für die Errichtung des Originals 1572 bis 1576 brauchte. Den Bogen gibt es am Empfang des Schlosses, das le-

bendiges kulturelles Zentrum ist und keineswegs als Museum gesehen werden will.

In leichter Eleganz und gleichsam südlicher Heiterkeit liegt das Schloss mit seinen Arkadengängen am Mühlenteich von Teilen des ehemaligen Schlossgartens umgeben. In allen nur denkbaren Rot- bis Rotschwarztönen glüht der Backstein des Mauerwerks, keine industrielle Einheitlichkeit, sondern ein baulicher Organismus regt sich da. Ein Wunder der Restauratorenkunst – von einer kleinen Ziegelei in Jütland kamen die Ziegelsteine unter dem schiefergedeckten Dach mit seinen zierlichen Gauben und den bleiverglasten Fenstern mit ihren strahlend grünweißen Fensterläden.

Schloss Reinbek: Renaissance in Backstein ohne kriegerische Absicht, märchenhafte Sehenswürdigkeit am Mühlenteich

Als vorbildlich erhaltenes Renaissanceschloss Norddeutschlands gilt die Anlage heute, die gut vierhundert Jahre An- und Umbau, Abriss, Modernisierung je nach Zeitgeschmack und Nutzung aller Art mit edler Nonchalance ertragen hat. Als ungeschützte Nebenresidenz ohne militärische Aufgaben – es gibt keine Schlossmauer und nicht einmal einen Schlossgraben – ist das Gebäude von einem unbekannten, aber höchst fähigen niederländischen Architekten errichtet worden – Spezialisten wähnen den königlich-herzoglichen Baumeister Herkules Oberberg und/oder Peter von Maastricht am Werk. Der Auftraggeber hingegen steht fest: Herzog Adolf I. zu Schleswig-Holstein-Gottorf (1526–1586) – dem Geschlecht, dem sowohl russische Zaren, schwedische Könige als auch großherzoglich oldenburgische Fürsten entstammen. Adolf war der Sohn Friedrich des Ersten (1471–1533), König von Dänemark und Norwegen sowie Herzog von Schleswig in Personalunion.

Dass Hochadel und Geld nicht immer selbstredend zusammengehen, erfuhr Adolf bei der Übernahme seines neugebildeten Herzogtums Schleswig-Holstein-Gottorf, und seine plakative Selbsteinschätzung als „armer, unvermögender Fürst" entsprach durchaus den Tatsachen. Das Herzogtum bestand aus etlichen versprengten und oft hoch verschuldeten Ämtern, war klare Verpflichtung ohne große Hoffnung auf Vergnügen. Als Söldner stellte sich Adolf in den Dienst von Kaiser Karl V. (1500–1558) und dem Herzog von Alba (1507–1582). Aus den militärischen Einsätzen kehrte er wohlhabend zurück, das Herzogtum hatten kluge Verwalter währenddessen in seinem Auftrag geführt, weitsichtiges Handeln und Wirtschaften ließ Schleswig-Holstein-Gottorf und mit ihm Adolf prosperieren.

Auf einer Huldigungsreise durch die spanischen Niederlande mit Thronfolger Philipp II. (1527–1598) hatte der Herzog den Geschmack für feinen Baustil entwickelt, und ließ seinem Rang und seinem Geltungsbedürfnis geschuldet, etliche repräsentative Bauten errichten. So erteilte er 1572 den Auftrag, in Reinbek eine Residenz zu errichten, in niederländischem Renaissancestil mit Finessen wie etwa einem Badehaus, die seiner würdig waren. Zur Residenz wurde Reinbek dennoch nie, als Jagdschloss wurde es berühmt und als „Leibgedinge", also als Wohnstatt der herzoglichen Witwen genutzt. Die konnte vorher nur eine Gattin aus angemessenen Kreisen gewesen sein: Adolf hatte in adeligem Umfeld auf Brautsuche jede Menge Körbe gesammelt.

Nachdem auch sein Werben um die Hand der englischen Königin Elisabeth der Ersten (1533–1603) erfolglos blieb – wenigstens bekam er mit all seinen sechzehn Mitbewerben, ob als Trostgeste oder als eine Art Teilnahmemedaille bleibe dahingestellt, den Hosenbandorden von der damaligen Queen verliehen, weiterhin bezog er fortan eine jährliche Pension aus der englischen Hofschatulle –, glückte das Heiratsansinnen endlich bei der siebzehn Jahre jüngeren Tochter von Philipp dem Großmütigen (1504–1567), an dessen Hof er vier Jahre lang gelebt hatte. Christine von Hessen (1543–1604) hieß die zukünftige Herzogin, deren beträchtliche Mitgift Adolf durchaus willkommen war, das Jahr des Baubeginns in Reinbek war auch das der Eheschließung. 22 Jahre sollte die Ehe währen. Kinderreich war sie auch: fünf Söhne und fünf Töchter gebar Christine. Adolf war dennoch lange als Reiterführer unter Herzog Alba im spanischen Heer Philipps II. unterwegs und damit fern der Heimat, die eben auch nur teilweise Reinbek war.

Die Lust, der Nachwelt Bleibendes von ihm in Form von Bauten zu hinterlassen, stieg mit fortschreitendem Alter – sein Plan, einen Nord-Ostsee-Kanal zu ziehen, blieb dabei vorerst nur Theorie. In eine Art Bauherrenwettstreit begab sich Adolf mit dem gleichaltrigen Heinrich Rantzau, dem Statthalter des dänischen Königs, den er seit früher Jugend kannte. Für beide war die Renaissance stilbildendes und sinnstiftendes Element des Daseins und nicht allein die Baukunst, die Renaissance beherrschte ihre gesamte humanistische Gedanken- und Ideenwelt. Eitelkeit drohte bei beiden Staatsmännern nie allzu sehr in den Hintergrund zu rücken, durchaus typisch für die Zeit. Die Nachwelt dankt ihnen für ihre Bauten. Das Schloss Reinbek ist ein wundervoller Beleg für gelungene Repräsentation und ist zugleich als ein Kunstwerk erhalten geblieben. Dessen Rang hat Adolfs Gemahlin Christine im Inneren noch maßgeblich gesteigert, sie hat für die prächtige Bemalung der Decken gesorgt, die bei der Restauration unverhofft entdeckt wurden. Aufgrund ihrer Verschiedenartigkeit für die einzelnen Zimmer und Säle konnten die ursprünglichen Räume rekonstruiert werden und aus der eigentlich nur äußerlich geplanten Rekonstruktion wurde schließlich eine das ganze Schloss umfassende.

Das Gelände für den Standort des Schlosses an der Bille hatte Adolfs Vater Zisterziensernonnen 1529 für 12000 Mark abgekauft. Im 13. Jahrhundert hatten die Zisterzienserinnen ihr Kloster aus Reinbek in das am Oberlauf der Bille gelegene Köthel verlegt und die Bille als den richtigen Ort gefunden, um ihr Leben in Gottesfurcht, Stille, Demut und Armut zu führen: ora et labora ...

Der Protestantismus hatte die Nonnen 1529 längst beeinflusst, mehrere von ihnen hatten das Kloster verlassen und geheiratet, die verbliebenen 42 erhielten je 300 Mark als Anteil vom Verkauf und ihr Kloster wurde als eines der ersten im Lande säkularisiert, mit dem Auszug der Nonnen war der Konvent aufgelöst. Hamburger Bürger plünderten das verlassene Kloster, in der sogenannten „Grafenfehde“ wurde es 1534 zer-

Zwölf der fünfzehn Arkadensäulen
im Hof des Reinbeker Schlosses sind im Original erhalten:
Licht des Südens im hohen Norden.

stört. Die Steine und Trümmer aber fanden neue Verwendung, Adolf benutzte sie zum Bau des Schlosses.

Die kommenden Jahrhunderte hinterließen immer wieder ihre deutlichen Spuren am Gebäude, während des Dreißigjährigen Krieges (1618–1648) war das Schloss erst von Schweden, später von kaiserlichen Truppen besetzt, entging jedoch Plünderungen und Zerstörung, bot dafür, trotz der bewegten Zeit, Raum für sogenannte Hoflager, festliche Zusammenkünfte, bei denen sich die Tische unter dem Gewicht der aufgetragenen Speisen bogen. Vom 6. bis zum 12. September 1647 etwa verzeichnete die Küche anlässlich des Besuchs der Fürsten Johann VI. von Anhalt-Zerbst (1621–1667) und Johann Georg II. von Anhalt-Dessau (1627–1693) beim Herzog einen feisten Ochsen, vier geräucherte Ochsenzungen, 83 Hühner, 10 Tonnen Hamburger Bier, eine Tonne Bergedorfer Bier und 97 weitere Genussmittel, die serviert und kredenzt wurden. Lebenskunst in Zeiten des Krieges ...

Die Instandhaltungs- und Reparaturkosten für den Dreiflügelbau summierten sich über die Jahre, das Schloss diente als Verwaltungsbau und Amtssitz ohne repräsentativen Glanz, aber verlieh Reinbek doch in seiner Funktion die einzige überregionale Bedeutung. 1742 begann die „russische Zeit" – Herzog Karl Peter Ulrich von Holstein-Gottorf (1728–1762) wurde als Peter der Dritte russischer Thronfolger, mit Katharina II., genannt die Große (1729–1796), vermählt, liebte Holstein, verabscheute Russland und wurde 1762 kaltblütig ermordet. Sein Sohn Paul, später Zar Paul I., verzichtete 1773 zugunsten Dänemarks auf seinen Anteil an Holstein und so kam das Schloss in dänischen Besitz.

Das einzig verbliebene Originalinventar im Schloss: das Lübecker Tüchlein mit Jagdszene – für preisbewusste Schlossbesitzer wohlfeiler Ersatz für teure Gobelins

Mehrfach wurde über den Abriss des baulichen Kleinods nachgedacht. Der geniale dänische Baumeister Christian Frederik Hansen (1756–1845), dessen Bauten heute noch zu den schönsten Hamburgs zählen, verhinderte mit einem Gutachten 1818 die Vernichtung des Schlosses. In der Folge des Deutsch-Dänischen Krieges fiel das Schloss 1866 an Preußen, wurde 1873 versteigert und kurz darauf von Heinrich August Specht (1813–1900) und seinem Sohn Wilhelm aufgekauft. Sie bauten es zu einem Nobelhotel mit Restaurant und gläserner Veranda mit Schlosspark um, am damaligen Kurort Reinbek. Prominentester Gast war Fürst Bismarck, der während der Fertigstellung von Friedrichsruh im nahen Reinbek schmauste, die Weinkarte gründlich erforschte und logierte. Das Hotel wurde gesellschaftlicher Mittelpunkt der Region. Durch die Eisenbahnanbindung kamen Ausflügler und Kurgäste aus Hamburg zuhauf in den Vorort.

1919 kaufte Baronin Margarete von Patow das Anwesen und betrieb dort ein christliches Erholungsheim, zwanzig Jahre später veräußerte sie das Schloss an die Stadt Hamburg. Als Reichsinstitut für koloniale Forstwirtschaft und nach 1945 als Sitz der Bundesforschungsanstalt für Forst- und Holzwirtschaft diente es – bis 1972 der Kreis Stormarn und die Stadt Reinbek das Gebäude erstanden, um es umfangreich zu restaurieren und äußerlich im originalen Glanz erstrahlen zu lassen, eine Art Reinbeker Renaissance für das Schloss also. Es war gänzlich unansehnlich geworden, verbaut und heruntergekommen. 1977 begannen die Restaurationsarbeiten mit Unterstützung des Bundes, Hamburgs und Schleswig-Holsteins. Zum 750. Jubiläum der Stadt Reinbek sollte das Werk vollendet sein. Das an-

Reinbeker Eleganz: Repräsentation ohne Prunk mit Chill-out-Wiese und Restaurant

gesetzte neogotische Treppenhaus aus der Hotelzeit wurde entfernt, die hinreißenden Arkaden, die zum Teil schon 1750, gänzlich aber 1850 zugemauert worden waren, wurden freigelegt. Sie strahlen jetzt wieder in alter Helle und Leichtigkeit, noch zwölf der insgesamt fünfzehn eleganten toskanischen Sandsteinsäulen sind Originale aus der Entstehungszeit, der Schlosshof wird durch ihre Umrahmung zu einer Art offenem Festsaal.

Nur ein einziges der Fenster war noch im alten Stil erhalten, die übrigen waren mal ganz zugemauert oder in allen Formen und Formaten verändert worden. Das erhaltene diente als Muster zur Rekonstruktion, die dann mit aufwendiger Bleiverglasung komplettiert wurde. Ein Turm mit Uhr und Helm verbindet die Flügel des Schlosses an der Südostecke, gegenüber thront ein gewaltiger Wasserspeier in Form eines Drachens mit großen Kugelaugen. Es wurde ein Empfangsbereich mit breitem Treppenaufgang geschaffen, das Prinzgemach musste dafür weichen. Das Mobiliar im Schloss entspricht der Zeit, ist aber liebevoll aus verschiedenen Quellen und Sammlungen zusammengetragen worden, Reinbeker Originale finden sich nicht. Selbst der prächtige Renaissancekronleuchter ist eine Kopie, das Original bringt aber seit 1848 erhellendes Licht in den Dom zu Schleswig – dort mittlerweile elektrisch, wie süffisant am Rande angemerkt wird, während hier in Reinbek traditionell Kerzen eingesetzt werden.

Wer um den Leuchter herumschaut, sieht das Portrait Adolf des Ersten mit dem bereits erwähnten Hosenbandorden neben dem Bildnis seiner Herzogin Christine. Die Wand hinter dem kleinen Balkon zeigt die Reste floraler Wandmalerei und der Balkon selbst erinnert an die Romeo und Julia Tragödie vom Reinbeker

Der Renaissanceleuchter mit zwanzig Lichtarmen und Kerzen strahlt souverän als Kopie über dem Empfang im neugebauten Treppenhaus – das Original hängt im Dom zu Schleswig – elektrifiziert.

Schloss: der Sohn des Amtmannes von Lotzow hatte sich in die schöne Müllerstochter Caroline verliebt, der Vater aber verbot die Liebe energisch: Trotz aller aufrechten Heiratsabsichten des Paares, der Standesunterschied schien ihm 1811 zu groß.

Gemeinsam machten sich die Liebenden in einer heißen Sommernacht auf an die Bille, er schnitzte in den Stamm einer alten Buche am Ufer ein Kreuz sowie die Worte „Treue Liebe" und ein Herz, dann stürzten sich die beide in den Fluss , warfen „ ihr Leben wie eine faule Nuss fort", wie eine Zeitung kommentierte – ein gemeinsames Grab auf dem Kirchsteinbeker Friedhof führte sie über den Tod hinaus zusammen. Als „Die Liebesbuche von Reinbek" wurde die unglückliche Geschichte dramatisiert und am Ort des Geschehens neunzig Jahre später auch gespielt.

Im ganzen Schloss gilt: Blick an die Decke. Die massiven Eichenbalken sind über und über mit feinsten Malereien und Ornamenten bedeckt, die weitgehend noch vom Ende des 16., Anfang des 17. Jahrhunderts stammen. Ein reiner Augenschmaus, der von Raum zu Raum variiert und seinesgleichen sucht. Die Decken hängen teils durch, sodass die Angst nicht unbegründet scheint, sie könnten gleich herabstürzen, aber sie sind allesamt durch massive Stahlträger gesichert, lassen sich also in aller Ruhe betrachten. Sehr sensibel ist bei den Restaurationsarbeiten vorgegangen worden, lieber etwas freilassen oder nur andeuten, als alles unbedingt zu vervollständigen, in den Lücken kann die Fantasie trefflich spazieren gehen, so sind einige der Deckenbalken gänzlich unbemalt.

Der nächste Blick fällt auf den Boden und findet dort neben ausgesucht schönen Fliesen sogenannte Astracken, glasierte farbige Tonkacheln, als Bodenbelag. Es waren nur noch einige Reste von diesen kostbaren Kunstwerken vorhanden, aber antiquarisch ließen sie sich zu kompletten Bodenflächen vervollständigen, sie allein wären schon den Schlossbesuch wert.

Hofstube und Hofsaal im Erdgeschoß waren dem Gesinde vorbehalten, heute werden unter der massiven Balkendecke gern Hochzeiten gefeiert, das gut frequentierte Standesamt befindet sich mit einer Außenstelle im Haus. Im Gartensaal finden sich Kopien von exotischen Pflanzen- und Fruchtgemälden aus dem sogenannten „Gottorfer Codex", die um 1650 für die orangeriebegeisterten Herzöge angefertigt wurden. Der Türumriss in der Ecke mit dem auffallend niedrigen Türsturz war kein kleiner Austritt zum Garten, sondern schlicht der Abtritt – von denen finden sich ausreichend im ganzen Schloss, im Obergeschoss sogar ein doppelter, dessen Schächte von außen als eleganter Zwillingsturm sichtbar sind. Über einen unterirdischen Kanal wurde das Abwasser dann direkt in den Mühlenteich entsorgt. Im Obergeschoß logierte die Herzogsfamilie bei ihren Besuchen. Die helle umlaufende Galerie mit dem ungewöhnlichen Vierteltonnengewölbe entspricht heute durchaus ihrer Be-

Der Festsaal mit 220 Plätzen ist als Klangraum Herzstück des Kulturzentrums Schloss Reinbek für klassische Konzerte auf höchstem Niveau ganz nah am Künstler.

Das Jagdzimmer – der Wandschmuck aus dem 18. Jahrhundert gibt dem intimen Raum den Namen.

zeichnung, hier wird Gegenwartskunst im besten Tageslicht gezeigt. Offene Kamine beheizten jeden Raum im Schloss, erhalten sind nur Bruchteile. Das Fragment einer kostbaren farbigen Ledertapete an der Wand gegenüber vom Kamin zeigt Wohnkultur der sehr gehobenen Art. Diese edlen Tapeten wurden bei Besuchen mitgeführt und zierten dann für die Dauer des Besuchs die jeweiligen Wände.

Der großzügige Kavalierssaal schließt sich an, heute als Reinbekzimmer bezeichnet. In dem lichten Raum befinden sich die einzigen originalen Überbleibsel der Inneneinrichtung des Schlosses, vier Streifen bemalten groben Leinengewebes, sogenannte Lübecker Tüchlein, die als preiswerter Wandbespannungsersatz kostbare Gobelins ersetzten. Lebendige Jagdszenen mit einem fliehenden Hasen zeigen die Fragmente unterschiedlicher Größe.

Der Festsaal war seit jeher ein Raum für Feierlichkeiten jeder Art, hier empfingen die Herzöge ihre Gäste, hier wurden Audienzen gewährt oder es wurde in großer Runde an langen Tafeln gespeist. An den Wänden hingen dann die mitgeführten kostbaren Ledertapeten neben Lübecker Tüchlein, die für etwas Wärme und weiteren Schmuck sorgten. Die exzellente Akustik des Saals prädestiniert ihn für Konzerte und Gastspiele – so konzertieren die Sieger des Wettbewerbes „Jugend musiziert".

Die Schwiegertochter des Schlosserbauers hielt sich bei ihren Reinbeker Visiten im nach ihr benannten Herzogin-Augusta-Zimmer auf – von diesem Raum aus plante sie wohl die Veränderungen, die sie im Schlossinneren und der Gartenanlage in Angriff nahm.

Das kleine Jagdzimmer, das direkt anschließt, bietet einen wunderbaren Blick auf den Park und den Mühlenteich. Auf Holz gemalte Jagdszenen schmücken die Wände – immerhin war Reinbek das Jagdschloss der Herzöge. Die Wandverkleidungen wurden beim Abriss eines Marschbauernhofs gerettet und stilsicher eingebaut. Auf einem der Dachbalken findet sich die Jahreszahl 1985 und die Signatur B. Mannewitz – einer der Restauratoren hat sich hier verewigt, mit Fug und Recht. Erlesenes Mobiliar auch hier: Blickfänger ist die friesische Meerweibchenuhr mit ihren vergoldeten Ziselierungen und den majestätischen Nixenfiguren.

Das Stormarnzimmer nebenan besticht durch seine großartige Deckenbemalung und den kostbaren Astrackenboden – auf Augenhöhe hängt ein gewaltiger Gobelin mit einem ganzen ländlichen Hochzeitszug. Daneben erinnert ein Portrait an den Architekten Christian Frederik Hansen, der das Schloss 1811 vor dem Abriss bewahrte.

Über das große Kaminzimmer mit seinen fragmentarischen Wandbemalungen und der äußerst lohnenden schlossüblichen Blickfolge von Decke zu Boden geht es in das sogenannte Hochzeitszimmer. Den stimmungsvollen Raum schmückt nebst dem schlichten Tisch für die Trauungen ein zauberhaft bemalter Schrank mit Bibelszenen und Vogelbildnissen.

Die Konstruktion des Adelssitzes durch niederländische Baumeister lässt sich im Dachboden erkennen: Wie ein umgestülptes Schiff wirkt das Gebälk mit seinen gebogenen Balken, die man Krummspanner nennt – in Holland wurden Eichen gleich so gezogen, dass ihre Form für den Schiffbau tauglich war, Dachstühle wie dieser waren gängige Nebenprodukte für die Seefahrernation.

Im Keller findet sich das Küchengewölbe, heute wird es für Ausstellungen genutzt. In einem der Räume sind noch die Auslassungen für den Herd und ein Pastetenofen zu sehen – an Luxus fehlte es in Reinbek in keinem Schlosswinkel. Als Brunnenfund werden die ausgestellten Geschirrreste und Flaschen bezeichnet, die 1985 auf dem Gelände entdeckt wurden: die Weinflaschen aus dem 18. Jahrhundert weisen Ähnlichkeiten zu fränkischen Bocksbeuteln auf und belegen den Beginn der industriell gefertigten Wegwerfflasche.

Im Restaurant „Bringezu“ lässt sich anschließend verkosten, was heute auf Flaschen gezogen wird, der Weinkeller bietet mineralischen Riesling von den steilsten Hangneigungen Europas oder spritzigen Weißburgunder mit Ecken und Kanten nebst einer großen Auswahl internationaler Köstlichkeiten. In der ehemaligen Schlosskapelle hat sich das Restaurant mit großer Terrasse zum Mühlenteich hin eingerichtet, lockt aber auch mit Galeriecafé und dem schönsten Raum des Schlosses, dem Turmzimmer, für kleine Feiern mit bis zu 15 Personen am runden Tisch. „Bringezu“ ist sowohl Aufforderung, seine

Zeit hier zu verbringen, als auch der Name des Wirtspaares Moni und Heike Bringezu, und mit Lust lässt sich hier – man ist fast versucht zu sagen königlich – schmausen und genießen. „Wilde Wiese“, „Blöde Ziege“, „Queer Beet“ oder weiße Tomatensuppe – von den Vorspeisen bis zu den Fisch- und Fleischgerichten bringt die Küche handverlesene regionale Speisen frisch auf den Tisch. Rustikale Spezialität: Reinbeker Pannfisch. Ein kleiner Parkspaziergang ist der krönende Abschluss des Besuchs.

Den Schlosspark ließ Adolf unmittelbar nach der Beendigung der Bauarbeiten anlegen: als Lustgarten mit geometrisch angelegten Gartenbezirken, Laubengängen und Sandsteinfiguren sowie einer Orangerie „zum Vergnügen des Auges und der Promenade“. Ein Tiergarten mit Gehege und Wildkoppel zur Jagd schloss sich an, weiterhin war ein großer Küchengarten mit über 300 Obstbäumen vorhanden, er wurde für die aufwendigen Hoflager auch dringend benötigt. Wer es sich als Adeliger leisten konnte, etwas auf sich hielt und das auch zeigen wollte, sammelte exotische Pflanzen und Bäume: Die Orangerie Reinbeks verzeichnete 1723 unter anderem 20 junge Zitronenbäume, 15 wilde Orangenbäume, eine Pampelmuse, einen Limettenbaum, einen Granatapfelbaum und drei Orangenbäume mit angesetzten Früchten – auch wenn Reinbek der südlichste Zipfel des dänischen Königreiches war, diese Fülle an Südfrüchten brauchte hier aufwendige Pflege und war eine teure Sensation – Statussymbol und purer Luxus.

Die Spuren des Renaissance- und Barockgartens sind verschwunden, der älteste Teil des Parks ist die Lindenallee, die Mitte des 18. Jahrhunderts mit 100 Linden gepflanzt wurde – 14 Winterlinden sind es heute noch, allerdings stammen sie von 1840, sind also nachgepflanzt worden. Ansonsten besticht der Park immer noch durch internationalen Bewuchs, rare

Kostbarkeiten von großem Wert, wenngleich keineswegs mehr so exotisch wie zu den Hochzeiten des Schlossbetriebs. Am auffallendsten ist gewiss der mächtige, begehbare Riesenlebensbaum – wissenschaftlich „Thuja plicata“ oder amerikanisch umgangssprachlich „Western Red Cedar“ genannt –, der stattliche 170 Jahre alt ist: beliebt bei Baumfreunden und Liebespaaren gleichermaßen.

Drei Arten von Linden finden sich, die fast 200 Jahre alten Sommer- und Winterlinden, neben denen der alten Allee sowie die gerade einmal 40 Jahre junge ungarische Silberlinde. Eichen sind als Stiel-, Zerr- und Roteichen vertreten. Zwei chinesische Götterbäume haben aufgrund ihres raschen Wuchses in den Nachkriegsjahren hier ihren Standort gefunden.

Die Allee, Springbrunnen im Renaissancestil und Seerosenteich, moderne Plastiken und Kunstwerke – das Vergnügen der Sinne und der Promenade ist nach wie vor gegeben, den ganzen

Reinbeker Panorama: Mühlenteich am Schloss im herbstlichen Gewand

Tag über genießen Menschen den Park rund um das Schloss, finden Ruhe und jede Menge schöner Blickwinkel. Unter der Rieseneiche am Mühlenteich einfach sitzenbleiben und die Gedanken beim Sundowner die Bille entlangschicken, irdisches Glück ist durchaus machbar in Reinbek am Schloss.

Spaziergang von Schloss Reinbek zum Bergedorfer Schloss

Start: S-Bahnhof Reinbek

Ziel: S-Bahnhof Bergedorf

Dauer: knapp zwei Stunden

Startpunkt ist das Reinbeker Schloss **(1)**.

Die eleganten Arkaden im Hof von Schloss Reinbek

Der Weg geht in Richtung Mühlenteich, wir überqueren die Schloßstraße und befinden uns in einem kleinen Park mit einer historischen Brücke, der Dänenbrücke von 1793 **(2)**.

Dem Billelauf folgend unter der Bahnbrücke hindurch entlang der Bahnhofstraße, links in die Straße „Völckers Park“ **(3)**, auf der linken Seite entdecken wir nach etwa 150 Metern einen Wanderweg, der uns in eine kleine Parkanlage mit See direkt an der Bille führt. Gebäude aus den 1950er Jahren dominieren den kleinen Park. Bis 2019 residierte hier der Rowohlt Verlag (heute sind sie im Besitz der Buhck-Stiftung).

Billebrücke am Schloss Reinbek mit Treppen zum Fluss

Pfad entlang der Bille auf der Reinbeker Seite

Billebrücke im Krähenwald: Radfahrer absteigen, niedrige Unterführung!

Direkt an der Bille folgen wir einem kleinen Pfad (nicht der Straße „Böge"), nach einiger Zeit taucht links eine Fußgängerbrücke über die Bille auf **(4)**. Kurz zuvor haben wir die Parkseite des St.Adolf Stift Krankenhauses passiert **(5)**.

Billepegel an der Fußgängerbrücke Billeweg

Wir gehen den Wanderweg rechts in den Wald, dann den Hauptweg links in Richtung Bergedorf, wenn wir rechts gehen würden, könnte man im Waldhaus Reinbek **(6)** pausieren. Nun sieht und hört man wieder die Bahn. Unter der Bahnbrücke (direkt an der Bille) **(7)** hindurch, rechts eine kleine Steigung überwinden und dem Waldweg folgen. Nach etwa 10 Minuten erreichen wir die Pionierbrücke **(8)** und gehen über die Bille von Schleswig-Holstein (Kreis Stormarn) nach Hamburg. Rechts dem Weg folgen. Nach ca. 50 Metern steht die Eremiteneiche **(9)** am Billeufer. Wir gehen weiter auf dem Möörkenweg bis zur Daniel-Hinsche-Straße. Hier befindet sich das Künstlerhaus **(11)** (hier gibt es regelmäßig Ausstellungen). Schräg gegenüber führt ein Waldweg den Berg hinauf **(10)**. Etwas abseits vom vorgeschlagenen Wanderweg befindet sich die Rodelbahn Doktorberg.
Links kommt bald das Schützenhaus in den Blick, auf der rechten Seite liegt das Billtalstadion **(12)**. Auf der bewaldeten Kuppe befindet sich ein nagelneuer Waldspielplatz **(13)**. Daneben der Wasserturm und das

Bergedorfs nobles Villenviertel am Reinbeker Weg

Luisen-Gymnasium. Daran gehen wir vorbei und erreichen einen Platz mit Blick über das Billetal (mit Stadion) in Richtung Lohbrügge-Nord und Reinbek. Die einstigen Gasthäuser und Hotels an dieser Stelle sind heute Wohnhäuser.
Auf dem Reinbeker Weg gehen wir bergab an prächtigen Landhäusern und Villen vorbei. Auch am Wohnhaus von Justus Brinckmann, dem Gründungsdirektor (von 1877–1915) des Museums für Kunst und Gewerbe in Hamburg.
Weiter geht's bis zur Straße „Gräpelweg" **(14)**. Hier orientieren wir uns nach links (ebenfalls auf der linken Seite steht das „Haus im Park"). Nun gehen wir nach rechts in die Straße „Sichter", kreuzen wieder den Reinbeker Weg, passieren eine Miniparkanlage und gehen den Berg hinab über die Chrysanderstraße (Di + Fr Wochenmarkt bis 13 Uhr) in den Schlossgarten zum Schloss Bergedorf **(15)**. Bis zum Bergedorfer Bahnhof ist es nur noch ein Katzensprung.

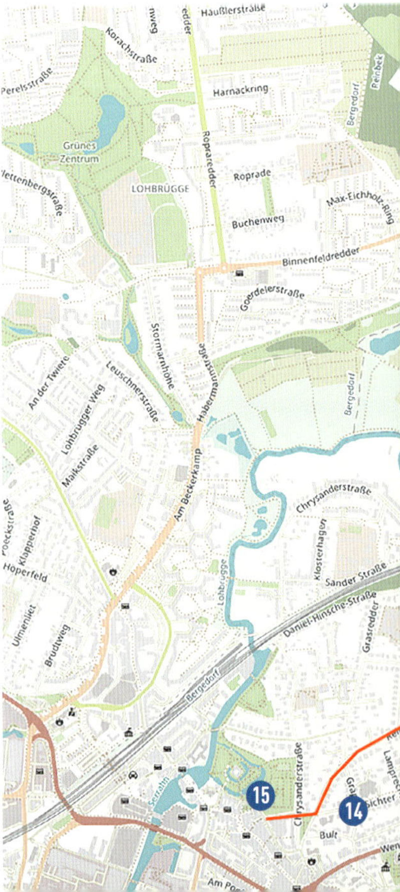

Schloss Reinbek
Schloßstraße 5
21465 Reinbek
T. 040 72750811
schloss-reinbek.de

Bringezu im Reinbeker Schloss
Schloßstraße 5
21465 Reinbek
T. 040 73093030
bringezu-schloss.de

Waldhaus Reinbek
Loddenallee
21465 Reinbek
T. 040 727520
waldhaus.de

Schloss Bergedorf
Museum für Bergedorf und
die Vierlande
Bergedorfer Schloßstraße 4
21029 Hamburg
T. 040 428912509
bergedorfer-museumslandschaft.de

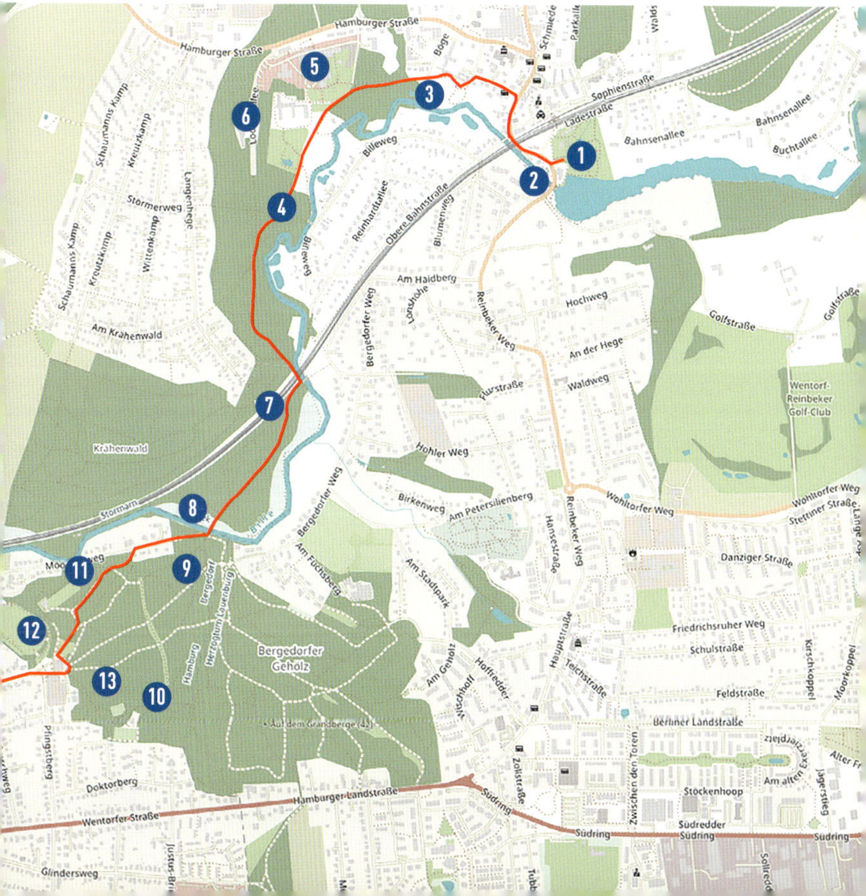

Hafenstadt an der Bille Auen

Bergedorf

Bergedorf – da schwingt doch schon alle Sehnsucht des flachen Nordens nach Höhenflügen, Hängen und Gipfeln mit – Doktorberg (43 Meter), Pfingstberg (33,5 Meter) und Gojenberg (33,6 Meter) rund um den Billebogen zählen allerdings eher zu Erhöhungen als zu voralpinen Felsaufwürfen. Chronisten mutmaßen denn auch, der Name Bergedorf könne sich eher von Herberge ableiten – hier habe man sich geborgen gefühlt und die Geschäftszweige Gastwirtschaft und Hotellerie auch dementsprechend früh ausgebaut und über die Jahrhunderte verfeinert. Mit reichen Schnitzverzierungen ist das „Stadt Hamburg" geschmückt – seit 1620 widmet man sich unter dem Giebel dieses Fachwerkhauses dem Gastgewerbe. „In Bergedorf wird Halt gemacht", war zielführende Vorgabe so gut wie Ausdruck sehnenden Verlangens.

1162 wird Bergerdorp erstmals urkundlich erwähnt und im gleichen Atemzug ist die Rede von Gehorsam und unbedingter Untertänigkeit gegenüber Hamburgs Erzbischof – bis zum so selbstbewussten wie ansehnlichen Stadtteil Hamburgs ist es dann noch ein weiter Weg. Aber Bergedorf hat anderes zu bie-

Das Wesentliche von Bergedorf im Überblick: Schloss mit Schlossgarten, Alte Holstenstraße, St. Petri und Pauli, der Hasseturm, Billelauf, Serrahn und Fischtreppe

ten, das es über die Jahrhunderte zum heftig umstrittenen Zankapfel innerhalb der Hanse – und da gleich doppelt beherrscht von Hamburg und Lübeck – sowie unter den jeweiligen regionalen Regenten machte: die strategisch wichtige Lage an der Bille, am alten Handelsweg zur Elbe hin. 1208 wurde im damaligen Billedelta ein Damm aufgeschüttet, so entstand der Mühlenteich für die Kornwassermühle, die 1973 abgerissen und in vereinfachter Form wieder aufgebaut wurde.

Am Westende des Mühlendamms wurde der Serrahn, der heutige Hafen, aufgestaut, sein wohlklingender Name bedeutet auf slawisch einfach „Aalfang“. 1443 wurde hier der Schleusengraben angelegt, eine der ältesten künstlichen Wasserstraßen Deutschlands. Durch ihn fließt der Oberlauf der Bille in die Elbe. Holz aus dem Sachsenwald wurde vom Serrahn aus traditionell über den Schleusengraben nach Hamburg gebracht, da die mittlere Bille nicht schiffbar war. Noch heute nutzt das Ausflugs-

boot „Fleetenkieker“ den Schleusengraben für seine Touren vom Jungfernstieg nach Bergedorf und zurück, wie auch die Bergedorfer Schifffahrtslinie die reizvolle Strecke rege mit ihren Schiffen befährt.

Mitten im Billestau wird im 13. Jahrhundert das „Feste Hus“ errichtet, die Bergedorfer Wasserburg, Urform des heutigen Schlosses, das auf Hochzeitspaare nach wie vor eine nachgerade magische Anziehungskraft ausübt. Eine Außenstelle des Standesamtes ist hier strategisch günstig angesiedelt, die Heiratswilligen ahnen eher nicht, was für ein Brennpunkt von Auseinandersetzungen der märchenhafte Bau mit seinem Turm und Türmchen in den vergangenen Jahrhunderten war. Das Museum für Bergedorf und die Vierlande im Schloss selbst kann da für Aufklärung sorgen. Das Landherrenzimmer mit seinen

Schlosspark mit namensgebendem Backsteinbau und Komponistengarten – in Bergedorf an Rosen für die Ewigkeit gebettet

Vierländer Intarsienarbeiten, den blauen Wandfliesen mit Alt-Hamburger Motiven und den bleiverglasten Fenstern ist auf jeden Fall einen Besuch wert. Für Stärkung sorgt das Schlossrestaurant „In aller Munde“ im Innenhof mit feinen Köstlichkeiten, im Schloss selbst kann man von üppiger Karte speisen und eine große Weinauswahl sowie Ginspezialitäten bis in die tiefe Schlossnacht hinein genießen.

1275 erhält Bergedorf das Stadtrecht, Beschaulichkeit herrscht dennoch: Rund einhundert Häuser mit etwa tausend Bewohnern rund um das „Feste Hus“ und die Kirche St. Petri und Pauli, das war Bergedorf um 1600 – für den Heimatforscher Ludwig Uphoff keine Frage, warum es damals kaum Straßennamen gab: Die Sache war so überschaubar, dass eine Benennung überflüssig war, man kannte sich und wusste ohnehin, wer wo, mit wem wohnte.

Doch der Reihe nach und an der Bille entlang. Die Verbundenheit mit der Bahnlinie ist nicht zu überhören und im wahren Sinne des Wortes auch nicht zu übergehen: Auf Brücken kreuzt man entlang der Bille ständig die Schienen, auf denen die Züge Richtung Berlin oder Hamburg entlang rattern – S-Bahnen, ICEs oder ewig lange Güterzüge mit Containerfracht.

Der Billewanderweg führt am Fluss mit seinem wildromantischen Bewuchs, an umgestürzten Bäumen und morastigen Uferlandschaften entlang in das Bergedorfer Gehölz – über die fünfzig Meter lange Aluminiumbrücke: Sie ersetzt die pittoreske schiefgetretene Pionierbrücke aus dem Holz von sechzig Bergedorfer Eichen, mit ihren Astlöchern und ungezählten Flickstellen – ewig praktische Gangbarkeit statt Charakter also.

Die Bille ist hier Grenzfluss zwischen Schleswig-Holstein und Hamburg. Alt ist der Baumbestand – prächtige Buchen, Stieleichen, Birken und Linden, die als Totholz liegenbleiben und in langsamer Nachhaltigkeit zerfallen können. Eine natür-

Der Billewanderweg führt am Fluss mit seinem wildromantischen Bewuchs, an umgestürzten Bäumen und morastigen Uferlandschaften entlang. Blick von Hamburg auf das schleswig-holsteinische Billeufer

liche Attraktion des Gehölzes ist die steinalte Eremiteneiche, gleich hinter der Pionierbrücke: forstwirtschaftliche Zurückhaltung und Hege ließen dem ausgesprochen seltenen Juchten- oder Eremitenkäfer in diesem Baumveteranen seine verborgene Heim- und Brutstatt.

Über achtzig Hektar Waldgebiet mit einem großen Netz an überschaubaren Pfaden, Wanderwegen und Fahrradstrecken bietet das Gehölz – verloren geht man hier nicht, verlieren kann man sich schon. Um die Natur zu schützen, wird an die Vernunft der Besucher appelliert, die Wege nicht zu verlassen. Für norddeutsche Verhältnisse weist das Gehölz große Steillagen zwischen Bille und dem Bergedorfer Villenviertel auf. Selbst für Hamburgs längste Rodelbahn reicht es: geradeaus und gut einen

Der Mann hinter der Eselei Andreas Kirsch, Bildmitte – mit Eseln ab ins Grüne – der wahre Weg zur Gelassenheit

Kilometer lang wurde die Piste am Doktorberg in den 1930er Jahren angelegt.

Dass alle Steigungen in ungewohnter Gesellschaft genommen werden können, dafür sorgen Andreas und Monika Kirsch. Alle denkbar schlechten Witze über den Namen ihres Unternehmens sind längst gemacht und Andreas wird mit großer Gelassenheit auf Ihren reagieren, sollten Sie tatsächlich einen weiteren hinzufügen wollen. Es zeugt von Größe, sein Gewerbe „Eselei“ zu nennen, und beweist zugleich, dass es alles andere als eine ist. Der in sich ruhende Mann mit dem Faible für Langohren war ehemaliger Manager bei Blohm + Voss und lebt jetzt gemeinsam mit Ehefrau sowie vier Eseln in Bergedorf seinen langgehegten Traum: Er bietet Eselswanderungen im Osten

Hamburgs an zum Bergedorfer Schloss, durch den Sachsenwald, entlang der Bille in den Boberger Dünen oder eben dem Bergedorfer Gehölz. Das gelebte Lob der Langsamkeit sind diese Touren, die mitnichten Reitausflüge sind: Zwergesel Moritz und Maja, sowie die bildschöne Hauseselin Paula und Pinu'u – der entweder als sehr großer Zwergesel oder sehr kleiner Hausesel durchgeht – werden geführt, wobei stets die Frage ansteht, wer eigentlich den Kurs bestimmt, bis schließlich alle Fragen vergessen sind und zu steter Ruhe in Gemeinsamkeit mit den Eseln gefunden wird. „Om" und „Iah" in vollkommener Harmonie.

An der Bille entlang erreicht man mit dem Schlagbaum den Möörkenweg und passiert dann das alte backsteinerne Bergedorfer Wasserwerk. 1884 begann die Reinigung des Billewassers hier auf damals technisch höchstem Niveau mit Langsamsandfiltern – in Hamburg sollte noch acht Jahre später die Cholera wüten können, weil den sparsamen Hanseaten die Filteranlagen für das Trinkwasser zu teuer waren. Heute versorgt das Wasserwerk täglich 40 000 Menschen in Bergedorf, Reinbek und Wentorf mit bis zu 6 000 Kubikmetern Trinkwasser, nun aus einem 128 Meter Tiefbrunnen, nicht mehr aus dem Fluss. Direkt an der Bille entlang stehen prächtige Häuser, Gründerzeitbauten, deren Grundstücke in direkter Wassernähe nur durch die Geräuschkulisse der permanent passierenden Züge gemindert werden.

Gleich zwei Rastplätze machen den Weg von einem knappen Kilometer zum Billtalstadion auf dem Geestrücken zur besinnlichen Ruhestrecke. Das Stadion genoss jahrzehntelang eine bescheidene Berühmtheit als größter Grandplatz der Republik, bis 2009 der Zeit Tribut in Form von Kunstrasen gezollt wurde.

Das Billtalstadion war in den Nachkriegsjahren 1949/1950 von 50 Erwerbslosen unter Zuhilfenahme zweier Greifbagger größtenteils in Handarbeit erbaut worden, Handarbeit, um die „Alfu"-Arbeiter – Alfu stand für „Arbeitslosenfürsorgeunterstützungsempfänger“ – über eine möglichst große Zeitspanne beschäftigen zu können und beschäftigt zu halten. Die Bergedorfer Fußballfreunde durften Zeugen großer sportlicher Ereignisse werden: 1952 trat der HSV vor beinahe 15000 begeisterten Zuschauern zu einem Freundschaftsspiel gegen die indische Nationalmannschaft an: Im Jahr der Schraubstollenerfindung für Fußballschuhe kamen einige der Spieler vom indischen Subkontinent barfuß auf den Ascheplatz des Billtalstadions und errangen so überraschend wie schnell in der ersten Halbzeit die Führung gegen die Hamburger Rothosen. Dem HSV gelang es jedoch, beherzt und beschuht das Blatt zu wenden, man trennte sich in aller Freundschaft mit 5:3. Legendär weiterhin der Auftritt des HSV mit Uwe Seeler 1958, der für den Allgemeinen Sportverein Bergedorf 85 zwar mit einer 1:4-Niederlage endete, aber 25000 begeisterte Zuschauer hinterließ, deren Zahl sich in den Erzählungen von diesem Match in schwindelerregende Höhen vervielfachte und die Nachwelt mit grandiosen Ausschmückungen bis auf den heutigen Tag begeistert. Tempi passati, heute bietet das Billtalstadion 30000 unüberdachte Plätze, von denen mit 300 exakt ein Prozent auch Sitzplätze sind, für Amateurfußballmatches und Bundesjugendspiele.

Als Schulsportplatz dient das Billtalstadion den beiden nahegelegenen Schulen: das Hansa- und das Luisen-Gymnasium. Beide Backsteinbauten mit den typischen großzügigen Fensterfronten sind denkmalgeschützte Schularbeiten des Hamburger Oberbaudirektors Fritz Schumacher – das Hansa- von 1912 und das Luisen-Gymnasium von 1931. „Sie ist im Schatten schöner Bäume ein heiterer Bau geworden und geht mit der umgebenden Natur freundlich zu einer Einheit zusammen“, resümierte der prägende Stadtplaner und weitsichtige Reformpädagoge zufrieden den eigenen Entwurf, der Kennern als einer der gelungensten in einem an Qualität keineswegs armen Gesamtwerk gilt.

Bergedorf von oben: das noble Villenviertel mit Fritz Schumachers backsteinernem Luisen-Gymnasium und dem einstmals berühmten Billtalstadion

Der hohe Flügel mit Aula hatte nebenbei die Aufgabe, einen anderen Bau zu verdecken, der ebenfalls für gesellschaftlichen Fortschritt stand: den Wasserturm von 1903, der mit seiner Höhe von 31 Metern sowohl funktional als auch stolzes Zeichen für die frühe Wasserreinheit Bergedorfs war, architektonisch aber nie die Akzeptanz erfuhr, die der elegante Nutzbau verdient hätte. Heute ist der denkmalgeschützte Wasserturm zur Privatwohnung mit fantastischem Blick auf die Hamburger Skyline umgewandelt worden.

Um den Schulbau von „Luise" am Gehölz nahe der Bille zu ermöglichen, musste das Hotel „Bellevue" weichen, letzter Rest des hochfliegenden und finanziell vielversprechenden Plans, Hamburg und Bergedorf mit einer Eisenbahnlinie zu verbinden.

Der geniale englische Ingenieur William Lindley, der das Hamburger Bewässerungssystem revolutionierte, entwarf die Pläne für das kostspielige Vorhaben, wofür die Eisenbahngesellschaft griffig zu werben wusste: „Eine Bahn müsse sich auf jeden Fall rentieren, besonders dann, wenn am vorläufigen Endpunkt eine gute Restauration (das zu bauende „Frascati“) und ein wohlhabender Ort (wie Bergedorf) sich befinde. Die neue Bahn sei auch zum Vergnügen und zur Gesundheit der Hamburger Bevölkerung (Fahrt zum Bergedorfer Gehölz) unerläßlich.“

Das Bergedorfer Gehölz sollte mit neuen Gast- und Unterhaltungsstätten locken. Im Mai 1842 war die festliche Einweihung der ersten norddeutschen Eisenbahnlinie geplant, der große Hamburger Brand aber vereitelte alle Feierlichkeiten, die Eisenbahn nahm wie selbstverständlich ihren Normalbetrieb auf.

Hamburger Kaufleute ließen sich vom Ruf des Luftkurortes Bergedorf nicht nur zu Stippvisiten locken – Grundstücke für ihre Sommerhausträume lieferten Vater und Sohn Carl und Iwan Schlebusch: Im großen Stil und mit Weitblick hatten die Bergedorfer Honoratoren ab 1830 die scheinbar wertlose Ackerfläche aufgekauft und durch Bepflanzung aufgewertet, zum Paradies für stadtmüde Hanseaten. Die über zweihundert Villen und Landhäuser aller Stilrichtungen bildeten trotz ihrer Vielfalt ein Ensemble, das seinesgleichen sucht – heute dürfte das Vilenviertel weit über 400 Häuser zählen.

„Denn alles Fleisch, es wird zu Gras.“ Unter dem Rasen des Wiener Zentralfriedhofs liegt der Musiker, der laut Zeugnissen verlässlicher Chronisten 1846 im Alter von 13 Jahren als Pianist an Sonntagen im Bellevue aufspielte. Er überzeugte „mit Lust

Bergedorfer Noblesse – das Villenviertel an der Ecke Reinbeker Weg/Gräpelweg

und genialer Keckheit“ und war jeden der zwei Taler seiner ersten Gage wert: Johannes Brahms begeisterte die Hamburger Sonntagsausflügler am Klavier in Bergedorf und pflegte auch nach den jugendlichen Gastspielen noch lange den Kontakt hierher. Die innige Freundschaft zum Musikwissenschaftler, Händelspezialisten und Journalisten Friedrich Chrysander sowie deren gemeinsame Vorliebe für Rosen zementierte die Bergedorfer Bindung – Chrysander betrieb hier zur Entspannung von seinen umfangreichen musikalischen Arbeiten, aber auch zu deren dringend notwendigen Finanzierung eine Gärtnerei.

In der heutigen Chrysanderstraße 88 befand sich sein Grundstück mitsamt Notenstecherei, Druckerei, Bibliothek und eben den Pflanzbeeten. Im Rosengarten der Komponisten am Bergedorfer Schloss verströmte eine samtig rot leuchtende Teehybride mit dem Namen „Johannes Brahms“ ihren Duft. Der nachgeborene Komponistenkollege und Gartenfreund Heinz Roy widmete dem großen Tonsetzer die Rosenzüchtung.

Die flüssige Spezialität Bergedorfs aber war eindeutig dem Brauereigewerbe zuzuschlagen. Seit dem Mittelalter wurde in Bergedorf gebraut – Bier und Essig, letzteres als Konservierungsmittel – die lebensfreudige Biertradition aber prägte Bergedorf bis unmittelbar an und in die Bille. 1863 war es soweit: die „Bergedorfer Actien-Brauerei-Gesellschaft“ sollte von nun an den Wohlstand der Aktionäre mehren und das Genussleben bereichern.

An der langgezogenen Billeschleife direkt an der neuen Bahnstrecke nach Berlin fand sich der ideale Standort. Die Bille wurde an der Chrysanderstraße in zwei flache Brauereiteiche umgeleitet, die im Winter rasch durchfroren und das sogenannte „Bacheis“ höchster Güte zur Kühlung lieferten. Erst 1876 kamen die Kühlmaschinen von Linde auf den Markt, bis dahin musste Eis das Bier während der mehrwöchigen Gärung

Das große Fotografenglück an den Brauereiteichen von Bergedorf, gesättigter Eisvogel

auf konstanten Temperaturen zwischen 8 und 14 Grad Celsius halten sowie später die Lagerungskälte garantieren – in den Billekellereien ließ sich sogar der Gefrierpunkt erreichen.

Oberhalb der Braustätte wurde der Fluss gereinigt und mit einem Kiesbett versehen, so stand anstelle der eher moorig schmeckenden Billebrühe feines Brauwasser zur Verfügung. Die imposanten Kellereien wurden mit großem Aufwand direkt im Geesthang der Bille eingerichtet – noch heute finden sich die gewaltigen kühlen Ziegelgewölbe in der 5000 Quadratmeter großen Garagenanlage, die gern auch einmal als Filmkulisse benutzt wird. Besichtigen kann man sie leider nur noch von außen.

Auf dem Billehang und ganz oben auf der technischen Höhe der Zeit befand sich das Brauereigebäude. Bereits 1864 produ-

Das Schillerufer an der Bille mit „Locanda Riva", Bootshaus Bergedorf und den historischen Flügeln der Bergedorfer Mühle

zierte die „Bergedorfer Actien-Brauerei-Gesellschaft" 40 000 Hektoliter nach „Wiener und Münchner Brauverfahren". Das untergärige Bergedorfer Lagerbier wurde zum preisgekrönten Welthit – die Reichsgründung und der florierende Überseehandel taten ihr Übriges. 1874 wurde die Brauerei-Gesellschaft von der Vereinsbrauerei der Hamburg-Altonaer Gastwirte übernommen und 1914 aus Bergedorf verlegt. In den Kolonien erfreute sich das Kaltgetränk großer Beliebtheit – „you are better off with Bergedorf", lautet der bekannte Werbespruch etwa in Nigeria.

Die Brauereigebäude sind verschwunden, die Keller in Garagen verwandelt, aber die Teiche sind immer noch da, beide Wasserbecken umgeben von hohem natürlichen Pflanzenbewuchs – eine zauberhafte Verführung am Billerand. Ein Paradies für Angler, und immer wieder kann man dort auf den Schleusen und Wehren mit etwas Glück einen scheuen Eisvogel entdecken, dessen Frischfischhunger größer ist als seine Wachsamkeit gegenüber Beobachtern.

Im weiteren Lauf der Chrysanderstraße steht die sehenswerte Bergedorfer Windmühle. Ein Galerieholländer, den der Verein „Bergedorfer Mühle e.V." hegt und pflegt, sodass er sofort wieder in Betrieb gehen könnte. Gern führen die Vereinsmitglieder vor, wie Korn geschrotet oder Hafer gequetscht wurde. 1831 wurde die Mühle als Lohmühle erbaut, 1880 zur Kornwindmühle umgebaut, die bis 1968 Bergedorfer Mehl lieferte.

Das Schillerufer, die Allee an der Bille, führt zum „Bootshaus Bergedorf" von Regina und Wolfgang Kämener. Dort bietet sich die beste Gelegenheit, die Bille direkt zu erkunden. Per Kanu, Tretboot oder Stand-up und Sit-on-top-Kajak. Kostenlos lässt sich ein Green-Kayak entleihen, dafür sammelt man während der Tour Müll aus dem Wasser. Den Snack (besser vielleicht: die Nudel) danach gibt es im „Locanda Riva" mit Billeterrasse.

Minigolfanlage und betreuter Spielplatz können den ohnehin angenehmen Aufenthalt hier für Familien ins Endlose verlängern. Eine Fussgängerbrücke über die Bille führt zum Bille-Bad. 1929 wurde es als „Warm- und Flussbadeanstalt" für bessere Körperhygiene eingerichtet. Ein Hallenbad ergänzt das heutige Freibad sowie eine Sauna im „Bad am Fluss".

Anfang 2000 wurde die ursprüngliche Fläche des Bille-Bads verkleinert, um auf dem Areal den Bau von Wohnungen durch die traditionsreiche „Baugenossenschaft Bergedorf-Bille" zu ermöglichen. 1922 wurde ihr Vorläufer, die „Gemeinnützige Baugenossenschaft Bergedorf" gegründet, um der Wohnungsnot nach dem Ersten Weltkrieg Abhilfe zu schaffen. Nach dem Zweiten Weltkrieg wurde aus dem gleichen Grund die „Gemein-

Reetwerder: das Vorzeigestück der Gemeinnützigen Baugenossenschaft Bergedorf-Bille von der Ernst-Mantius-Straße aus gesehen

nützige Siedlungs- und Wohnungsbaugenossenschaft Bille GmbH" gegründet – beide Genossenschaften schließen sich 1960 zur „Vereinigte gemeinnützige Baugenossenschaft Bergedorf-Bille eG" zusammen, deren Name bei den Mietern zum saloppen Kürzel „die Bille" zusammenschnurrt.

Sie ist mit über 9000 Wohnungen und 22000 Genossen heute eine der größten Wohnungsbaugenossenschaften Norddeutschlands, deren Bautätigkeit keineswegs auf Bergedorf beschränkt ist: Sowohl auf dem Gelände der ehemaligen Bavaria-Brauerei auf St. Pauli als auch in bester HafenCity-Lage ist „die Bille" präsent und aktiv beteiligt.

Vom Dahliengarten am Schillerufer über den Hans-Freese-Weg und durch den Schlossgarten lässt sich gut weiter flanieren: Er ist die grüne Verbindung zwischen Altstadt und dem Villenviertel Bergedorfs. Über vierhundert Bäume mit dem stattlichen Stammdurchmesser von über 80 Zentimetern sind hier zu finden.

Im Café „Chrysander“ mitten im Schlossgarten kann sich der Rosenduft mit dem köstlicher selbstgefertigter Kuchen und Torten vermischen. Zu rundum musenfreundlicher Einkehr lädt das Café mit seiner Sonnenterrasse im Park.

Musikalischer Impulsgeber mit dichter Bindung an Bergedorf, und als Beetrose sowohl im Schlossgarten als auch dem späteren Wirkungsort Dresden vertreten, war in jedem Fall Johann Adolf Hasse. 1699 in der Stadt an der Bille geboren, entwickelte er sich erst zum guten Sänger, dann zu einem der bedeutendsten Opernkomponisten und obendrein wohl glücklichsten Ehegatten seiner Zeit: Denn in intensiver Zusammenarbeit mit seiner Frau, dem venezianischen Opernstar Faustina Bordoni, entstanden die kaum mehr aufgeführten Bühnenmeisterwerke, deren Gedenken die Bergedorfer Hassegesellschaft zu fördern nicht müde wird.

Über drei Generationen wirkten die Hasses als Kirchenmusiker an St. Petri und Pauli, versteht sich, dass Johann Adolf auch in Sachen geistlicher Musik ein fleißiger Komponist war – Oratorien, Messen und Motetten, es herrscht kein Mangel an Gottes Lobpreisung auf höchstem musikalischen Niveau – „il divino Sassone“, raunten die Italiener andächtig, wenn von Hasse die Rede war, der göttliche Deutsche ... Neapel, Venedig, Wien, Dresden, Warschau – Hasse war in all den Hochburgen musikalischer Entwicklung seiner Zeit zuhause.

Bergedorf gebührt der Ruhm, seine Geburtsstadt zu sein und der Weltkarriere nicht im Weg gestanden zu haben. Im ehemaligen Organistenhaus der Kirche, das 1630 am Billebecken erbaut wurde, sitzt heute die Forschungsstätte Hasse-Archiv, die für Besucher bereitwillig sowohl Türen als auch Bücher öffnet.

St. Petri und Pauli. Schon 1162 wird eine Kirche in Bergedorf erwähnt, die 1499 wegen Baufälligkeit abgerissen wird – der Nachfolgebau ist immer wieder der gleichen Gefahr ausgesetzt: die Abrissbegehren summieren sich über die Jahrhunderte bis in die jüngere Vergangenheit, konnten aber immer vereitelt werden. Ein der Gegend entsprechender Fachwerkbau von überzeugend schlichter Eleganz ist die Kirche mit dem angesetzten kupferverkleideten Turm – eine Kreation von Ernst Georg Sonnin, dem Baumeister des Hamburger Michels und dem „Brauthaus" genannten Querbau. Schiere Augenlust aus Spätrenaissance und Barock bietet das Innere: Schnitzereien, kostbare Gemälde und hinreißende Emporenbilder zur Passionsgeschichte und Episoden aus dem Alten Testament.

Vom Inventar der alten, 1499 abgerissenen Kirche ist dagegen nur eine winzige Figur des namensgebenden Apostels Petrus erhalten geblieben. Der Altar von 1662 zeigt das Abendmahl sowie die Kreuzigung, in die diskret, indirekt Portraits Hamburger Zeitgenossen eingearbeitet wurden. Die beeindruckende Kanzel mit ihrem Schnitzwerk ist eine fromme, aber unvollständige Stiftung aus dem Jahr 1586, der fehlende Schalldeckel kam als Geschenk 1602 hinterher. Links neben dem Altar findet sich das Gestühl mit dem von goldenen Löwen geschützten Hamburger Wappen, der sogenannte „Landherrenstuhl".

Einige sehenswerte Fachwerkhäuser finden sich in der Innenstadt Bergedorfs, die für Bausünden aller Art auch immer offen war. Da gibt es etwa das Gasthaus „Stadt Hamburg" von 1550 und damit Hamburgs ältestes Gasthaus, in dem heute Steaks serviert werden. Hinreißend ist die aufwendig restaurierte geschnitzte Eckfigur im Balkenwerk: eine Frau in Vierländer Tracht mit Korb, von Blüten umspielt.

Von Bord gesehen: Kirche St. Petri und Pauli samt Pastorat und Hassehaus, drei historische Bergedorfer Trümpfe

Bergedorf: Rundweg durch die Altstadt und das Villenviertel, dann entlang der Bille

Start und Ziel: Bahnhofsvorplatz oder Serrahn

Dauer: lassen Sie sich Zeit

An der Straße „Weidenbaumsweg" **(1)** oder, wenn die Wanderer mit dem Alsterdampfer ankommen am Serrahn (Hafen).

Serrahn mit Ausflugsdampfer der Bergedorfer Schifffahrtslinie

Wir gehen vom Serrahn **(2)** vorbei am historischen Kran und an den hier oftmals festgemachten Ausflugsschiffen der „Bergedorfer Schifffahrtslinie" oder der „Alster-Touristik" in Richtung Wehr. Hinter dem Bistro (Restaurant „Bergers") biegen wir in die Alte Holstenstraße ein. Auf der linken Seite sehen wir das Bergedorfer Schloss und die aufgestaute Bille. Im Straßenverlauf links kommt die St. Petri und Pauli Kirche mit dem Hasse-Turm **(3)**.
Am und auf dem Johann-Adolf-Hasse-Platz serviert das Café „Greco". Gegenüber stehen die Kornwassermühle an den Kupferhofterrassen und das „Café Schmidtchen".
Über den Zebrastreifen von der Alten Holstenstraße in die Fußgängerzone „Sachsentor" erreichen wir das historische Gasthaus

Das Sachsentor – Einkaufsmeile mit historischem Flair

„Stadt Hamburg“ (heute Block House & Jim Block). Nach etwa 100 Meter gelangen wir auf den Bergedorfer Markt. In historischer Kulisse lockt hier das Eiscafé „Ciprian“ und gegenüber in einem Fachwerkhaus „Kaffee Timm“, die Kaffeerösterei mit Schokoladen- und Pralinensortiment. Fast stehen wir hier schon

Der restaurierte Sieversbrunnen sprudelt seit 1888

auf dem Kaiser-Wilhelm-Platz und vor dem Sieversbrunnen **(4)**. An einem langen Holzbalken der Fachwerkfassade von „Kaffee Timm“ steht auf plattdeutsch: „Nich mulen un nich klönen nich schimpen und nich dröhnen Veel Snack un Wör helpt di en Quark spee in de Hand un ran ant Wark!“ Was in der Übersetzung soviel heißen soll wie: „Nicht maulen und nicht klönen, nicht schimpfen und nicht dröhnen. Viel reden hilft Dir nicht – spuck in die Hände und ran an's Werk“
Zurück auf dem Bergedorfer Markt, nun links herum im Sachsentor **(5)**, vorbei an kleinen Geschäften und der guten Chance auf einen Kuchen samt Kaffee im Café „La Petite Rue“. Am Ende der Fußgängerzone folgen wir etwa 30 Meter der Chrysanderstraße, die auf eine große Straßenkreuzung, den Mohnhof, mündet. Nun gehen wir einige Meter (links) auf der Wentorfer Straße (B 207) bis zur Einmündung einer kleinen Straße (rechts, sie heißt hier auch noch „Mohnhof“).
Es ist nur ein Katzensprung ins ferne Italien: die „Tratoria Olivio“

Wohnprojekt in voller Blüte: Greves Garten

bietet Köstliches, bei schönem Wetter auch im Garten. Zurück zum Mohnhof und weiter in dessen Verlängerung, dem Weg „Greves Garten“. Auf einem kleinen Fußweg durchqueren wir das idyllische Wohnprojekt mit modernen und historischen Häusern und gehen dann etwa 50 Meter den Schulenbrooksweg, um links

Rathaus Bergedorf, vormals Villa Hohentann des „Prinzen von Bergedorf“

Der goldene Spiegelsaal im Bergedorfer Rathaus

die Parkseite des Bergedorfer Rathauses **(7)** zu erblicken. Äußerlich hat das große Haus mit seiner ursprünglichen Fassung aus dem Ende des 19. Jahrhunderts nichts mehr gemein. Der goldene Spiegelsaal und das Marmortreppenhaus sind letzte Zeugnisse der Villa Hohentann, die der Kaufmann und „Prinz von Bergedorf“ Hermann Friedrich Messdorf erbauen ließ. Sie wurde 1924 zum Bergedorfer Rathaus verwandelt. Im Stil des Art déco sind die Eingangshalle, der Plenarsaal und vor allem die äußere Gestalt zu bewundern.

Wir umrunden links das Rathaus und stoßen wieder auf die Wentorfer Straße, die wir an der Ampel überqueren.

Nun einige Schritte bergauf, links in die Lamprechtstraße. Auf der linken Seite in Höhe der Straße „Sichter“ befindet sich ein großes

„Haus im Park“, legendäre Kultureinrichtung am Gräpelweg

Grundstück mit dem „Haus im Park“, einer Kultur- und Senioreneinrichtung der Körber-Stiftung. Der Namensgeber, Erfinder, Unternehmer, Mäzen und Hamburger Ehrenbürger Kurt A. Körber etablierte seinen Weltkonzern, die 1946 gegründeten Hauni-Werke in Bergedorf. Auf der Lamprechtstraße gehen wir weiter bis zur Straßenkreuzung Duwockskamp **(9)**, biegen rechts ab und folgen dem Duwockskamp bergauf. Kleinere und größere Villen, Landhäuser mit Erker,

Bergedorfer Wohntraum: Villenviertel Duwockskamp/Schlebuschweg

Buntglas und Türmchen und kopfsteingepflasterte Straßen prägen das Bild, dazu alte Bäume und verwunschene Gärten. Nun links in die Straße „Pfingstberg", es geht bergab, rechts das Luisen-Gymnasium **(9)** mit Blick zum Billtalstadion. Die Straße knickt in den Reinbeker Weg, dem wir bis zur Von-Anckeln-Straße gehen. Hier rechts und an deren Ende treffen wir auf die Daniel-Hinsche-Straße, der wir links folgen. Nach etwa 100 Metern führt auf der rechten Seite eine Fußgängerbrücke **(10)** über die Bahngleise. Nach der Überquerung rechts die Treppen hinunter auf die Chrysanderstraße. Gegenüber führt der Billewanderweg zu den Brauereiteichen **(11)**.
Ein schmaler Damm trennt die beiden Teiche. Auf ihm gehen wir weiter, dann über die Billebrücke links in Richtung Bergedorfer

Wanderweg zwischen den historischen Brauereiteichen

Zentrum. Flußabwärts folgen wir diesem schönen Wanderweg. Mit etwas Glück entdecken wir hier auch einen Eisvogel. Nach etwa 20 Minuten Fußweg liegt rechts der Abenteuerspielplatz **(12)**.
Weiter geht's an der Bille entlang. Durch die Bäume hindurch ist eine mehrgeschossige Wohnbebauung sichtbar, der Billebogen mit Miet- und Eigentumswohnungen. Hier stand bis in die 1970er Jahre das Bergedorfer Eisenwerk, das in den 1920er Jahren mehr als 2000 Beschäf-

Bergedorfer Mühle „Glück Zu" – ein fein restaurierter Galerieholländer

tigte hatte. Links kommt eine Fußgänger- und Radfahrerbrücke. Rüber. Auf dem Paul-Wenck-Weg bis zur „Sander Straße". Rechts im Tunnel unter der Bahn hindurch. Hier steht die Windmühle **(13)**. Wir gehen rechts zum Schillerufer. Am Anfang der Lindenallee befindet sich das „Locanda Riva", das „Gasthaus am Ufer", daneben das „Bootshaus Bergedorf". Einige Meter weiter taucht auf der linken Seite der Minigolfplatz **(14)** auf. Hier wiederum gegenüber das Bille-Bad **(15)**. Unter den Linden geht es weiter an der historischen Parkanlage bis zur Ampel an der Ernst-Mantius-Straße. Das Restaurant „Oro" bittet zu Tisch. Oder wir gehen in den Schlossgarten. Links den Sandweg (Hans- Freese-Weg) zum „Café Chrysander" **(16)**. Hier gibt es eine Rollschuhbahn, auf den Parkwegen wird Boule ge-

Landherrenzimmer von 1901 im Schloss Bergedorf

spielt. Außerdem ein großer, legendärer, nun mit einem Holz-Bergedorfer-Schloss neu gestalteter Kinderspielplatz. Dienstags und freitags ist auf der dann gesperrten Chrysanderstraße vormittags (bis 13 Uhr) der Bergedorfer Wochenmarkt. Obst aus Italien, Blumen und Gemüse aus den Vier-und Marschlanden. Vom Schlossgarten kommend geht es auf dem Bürgersteig der Bergedorfer Schloßstraße gleich über eine Fußgängerbrücke zum Schloss. Hier befindet sich der Komponistengarten mit vielfältigen Rosenzüchtungen und dem

Der Brahmsstein im Komponisten-garten am Schloss, rosenumwunden

Brahmsgedenkstein. Zur Besichtigung des „Museums für Bergedorf und die Vierlande" gehen wir links um das Schloss **(17)**. Im Schloss-Restaurant serviert die Genußmanufaktur „In aller Munde". Zurück geht's über die Bergedorfer Schloßstraße, die Alte Holstenstraße und den Serrahn zum Bahnhof.

Bergedorfer Schifffahrtslinie
Alte Holstenstraße 64
21029 Hamburg
T. 040 73675690
bergedorfer-schifffahrtslinie.de

ATG Alster-Touristik
Anleger Jungfernstieg
20354 Hamburg
T. 040 3574240
alstertouristik.de

Bergers Restaurant
Serrahnstraße 2
21029 Hamburg
T. 040 85405184
restaurant-bergers.de

Schmidtchen Bergedorf
Kupferhof 1
21029 Hamburg
T. 040 72545195
schmidtchen-und-schmidtchen.de

Kaffeeröster Timm
Sachsentor 15
21029 Hamburg
T. 040 7212436
kaffee-timm.de

Café La Petite Rue
Sachsentor 29 (in der Passage)
21029 Hamburg
T. 040 98769802
cafelapetiterue.de

Tratoria Olivio
Am Brink 10
21029 Hamburg
T. 040 72106745
trattoria-olivo.com

Haus im Park
Gräpelweg 8
21029 Hamburg
koerber-stiftung.de/haus-im-park/alle-informationen-zum-haus-im-park

Locanda Riva
Schillerufer 41
21029 Hamburg
T. 040 75111933
locanda-riva.de

Bootshaus Bergedorf
Schillerufer 41
(direkt gegenüber vom Bille-Bad)
21029 Hamburg
T. 040 41922906 oder 0175 1507724
bootshaus-bergedorf.com

Café Meinz Minigolf Bergedorf
Schillerufer 10
21029 Hamburg
T. 0176 43720179
cafemeinz.de

ORO Restaurant
Ernst-Mantius-Straße 10–12
21029 Hamburg
T. 040 42944886
ororestaurant.de

Café Chrysander
Chrysanderstraße 61
(gegenüber Haus Nr. 22)
21029 Hamburg
T. 040 38073657
cafe-chrysander.de

Museum für Bergedorf und die Vierlande
Bergedorfer Schloßstr. 4
21029 Hamburg
T. 040 428912509
bergedorfer-museumslandschaft.de

In aller Munde Genussmanufaktur GmbH

Restaurant.Bar.Event
(im Bergedorfer Schloss)
Bergedorfer Schloßstraße 4
21029 Hamburg
T. 040 21993077
inallermunde.hamburg

Café & Feinkost
Alte Holstenstraße 66
21029 Hamburg
T. 040 88178553

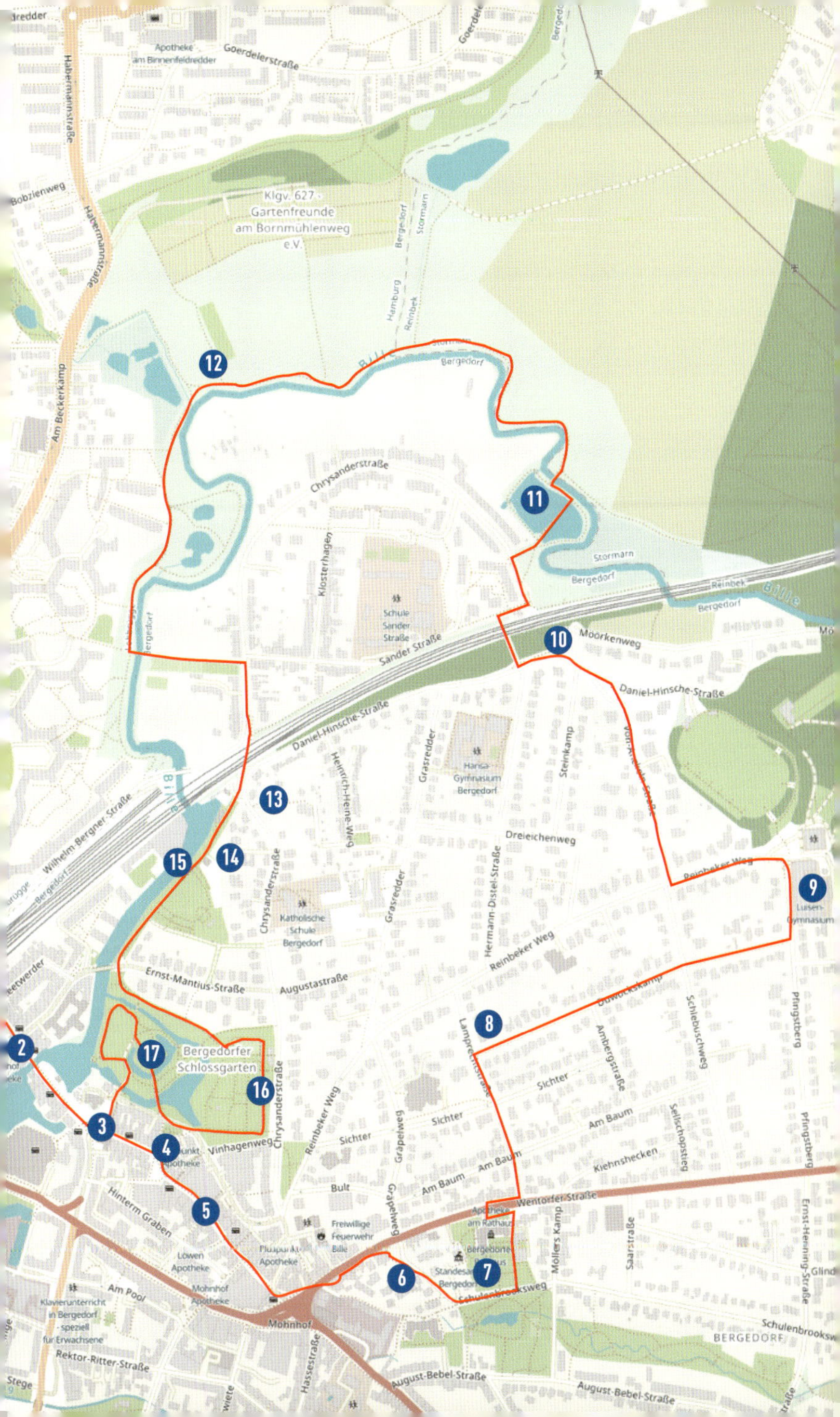

Klgv. 627 - Gartenfreunde am Bornmühlenweg e.V.
Goerdelerstraße
Habermannstraße
Bobzienweg
Am Beckerkamp
Apotheke am Binnenfeldredder
Hamburg
Reinbek
Bergedorf
Stormarn
Bille
Chrysanderstraße
Klosterhagen
Schule Sander Straße
Sander Straße
Moorkenweg
Daniel-Hinsche-Straße
Heinrich-Heine-Weg
Grasredder
Hansa-Gymnasium Bergedorf
Steinkamp
Dreieichenweg
Hermann-Distel-Straße
Reinbeker Weg
Luisen-Gymnasium
Wilhelm-Bergner-Straße
Katholische Schule Bergedorf
Ernst-Mantius-Straße
Augustastraße
Duwockskamp
Schlebuschweg
Pfingstberg
Lamprechtstraße
Ambergstraße
Sichter
Am Baum
Bergedorfer Schlossgarten
Vinhagenweg
Kiehnshecken
Sellschopstieg
Bult
Gräpelweg
Wentorfer Straße
Apotheke am Rathaus
Möllers Kamp
Saarstraße
Ernst-Henning-Straße
Hinterm Graben
Löwen Apotheke
Freiwillige Feuerwehr Bille
Standesamt Bergedorf
Schulenbrooksweg
Am Pool
Mohnhof Apotheke
Mohnhof
Klavierunterricht in Bergedorf - speziell für Erwachsene
Rektor-Ritter-Straße
Hassestraße
August-Bebel-Straße
BERGEDORF
1 2 3 4 5 6 7 8 9 10 11 12 13 14 15 16 17

Radrundtour von Bergedorf über Curslack, Neuengamme, Kirchwerder nach Ochsenwerder, Allermöhe, Billwerder und zurück nach Bergedorf

Start und Ziel: S-Bahnhof Bergedorf, Parkhaus direkt am Bahnhof, Stadtradstation vorhanden

Dauer: mindestens 4 Stunden

Dem Weidenbaumsweg **(1)** in Richtung Bergedorfer Straße (B 5) folgen. Auf dem Radweg in Richtung Osten über die Straßenbrücke des Schleusengrabens fahren, vorbei am nagelneuen KörberHaus **(2)**, dem Bergedorfer Kultur- und Begegnungs-zentrum. Geradeaus geht es über die Ampel an der Kreuzung Vierlandenstraße bis zum etwas versteckten Abzweig in den schmalen „Neuer Weg" hinein, der sich direkt hinter dem kleinen Fachwerkhaus von 1750, der „Willers'sche Kate" befindet. Auf der Straße „Neuer Weg" fahren wir über die Rektor-Ritter-Straße hinweg bis zum sehr sehenswerten „Chateauneuf-Bahnhof" **(3)** von 1842, dem zweitältesten noch bestehenden Bahnhofsgebäude Deutschlands.

Edles Blau und stillgelegt: der historische „Chateauneuf-Bahnhof"

Mehr Eisenbahnnostalgie lässt sich gleich schräg gegenüber am Bahnhof Bergedorf-Süd erleben. Zu Ostern, Pfingsten und an einigen Wochenenden im Sommer fährt hier die Dampfeisenbahn „Karoline" auf der historischen Strecke nach Geesthacht – eine super Attraktion für Groß und Klein. Auf dem gegenüber liegenden Frascatiplatz gastiert manchmal ein Zirkus oder ein Jahrmarkt; sonst kostenlose Parkmöglichkeit. Zurück am blaugrauen Holzbahnhof fahren wir ihm gegenüber in die Straße „Brookdeich", die an der Rückseite des Gründerzeit-Wohnviertels „Bergedorf-Süd" entlangführt. Gut einen Kilometer ra-

deln wir bis zur Straße „Pollhof". Hier rechts und danach über die Brücke der Autobahn 25. Dann rechts in die Straße „Achterschlag" einbiegen und gleich links auf einem schnurgeraden, geteerten Radweg weiterfahren.
Wir befinden uns nun auf dem Bahndamm der ehemaligen Vierländer Eisenbahn, deren Betrieb Anfang der 1960er Jahre eingestellt wurde. Gesäumt von Wiesen und Feldern fahren wir zunächst nach Curslack.

Der alte Marschbahndamm ist heute ein bequemer Radweg.

An der Kreuzung Curslacker Deich lohnen sich zwei kleine Abstecher: nach rechts (1 Kilometer) zum Freilichtmuseum „Rieck Haus" **(4)** (erbaut 1533) und nach links (400 Meter) zur St. Johannis Kirche Curslack **(5)** (erbaut 1599–1603). Nach einigen Metern auf dem Curslacker Deich fahren wir in die Straße „Odemanns Heck". Hier beim ehemaligen Bahnhof Curslack „Zum alten Bahnhof" gibt's im Biergarten Fischbrötchen und Grillwürstchen.

Wir überqueren dann die Dove Elbe, fahren vorbei an der Neuengammer St. Johannis Kirche **(6)** weiter auf dem Marschbahndamm. In der Nähe, am Jean-Dolidier-Weg, befin-

Das „Rieck-Haus" von 1533, Freilichtmuseum für bäuerliches Leben in den Vierlanden

den sich die KZ-Gedenkstätte Neuengamme **(7)** und das Internationale Mahnmal mit dem Dokumentenhaus. Auf dem Marschbahndamm überqueren wir die Straße „Neuengammer Hinterdeich", die Gose Elbe, den Kirchwerder Hausdeich und den Norderquerweg und sind

St. Johannis zu Curslack, am Curslacker Deich nördlich der Dove Elbe

St. Pankratius im Gegenlicht – innen klingt die berühmte Arp-Schnitger-Orgel

weiter auf dem Damm der ehemaligen Vierländer Eisenbahn unterwegs – die Kirche St. Severin zu Kirchwerder in Sichtweite. Dann erreichen wir den Kinderspielplatz und den schönen, schattigen Rastplatz Am Gleisdreieck inmitten von Feldern.

Nun in Richtung Westen (also nach rechts) abbiegen und dem Marschbahndamm der ehemaligen Eisenbahnlinie, die bis in die 1950er Jahre Billbrook, Zollenspieker und Geesthacht verband, folgen. Vorbei am Hover See, durch das NSG „Kirchwerder Wiesen", nach Fünfhausen mit dem idyllischen Sandbrack. Im historischen Bahnhof Fünfhausen befindet sich das „Restaurante & Pizzeria Al Lago". Wir kreuzen den Oortkatenweg und münden in die Graumannstwiete. Dann geht es rechts in den Ochsenwerder Kirchendeich. Sehenswert ist die St.

Graureiher an der Dove Elbe

Pankratius Kirche **(8)** mit ihrer sehr hörenswerten Arp-Schnitger-Orgel. Nun dem Eichholzfelder Deich bis Ochsenwerder Norderdeich folgen. Dann rechts abbiegen. Ein Stopp lohnt bei Hausnummer 50. Der Hofladen der „Demeter Gärtnerei Sannmann" bietet frisches Gemüse, Salate und Kräuter an. Auf dem Ochsenwerder Norderdeich radeln wir weiter bis zur Reitschleuse **(9)**. Wer rasten möchte, könnte dieses im „Landhaus Voigt" tun (Ochsenwerder Norderdeich 113). Ansonsten überqueren wir auf dem Reitdeich die Gose Elbe und die Schleuse und fahren durch das Na-

Der Dorfkrug – Rast mit Außenterrasse bei den Boberger Dünen

turschutzgebiet „Die Reit“ auf dem Reitdeich bis zum Vorderdeich, hier links und dann über die Allermöher Kirchenbrücke (Dove Elbe) fahren. Dann links an der Dreieinigkeitskirche **(10)** vorbei (Baxmann-Altar) auf dem Allermöher Deich (Achtung! Hier ist plötzlich viel Autoverkehr) bleiben und über die Autobahn 25 in den „Mittlerer Landweg“ abbiegen. Diesem bis zum Billwerder Billdeich folgen. Beim Kreisel führt ein Sandweg in Richtung Billebrücke. Den Fluss überqueren, dann rechts dem Wander-/Radweg bis zur Boberger Furt folgen. Rechts bietet das Restaurant „Dorfkrug“ Speisen und Getränke und links lockt das Dünenhaus **(11)** der Loki-Schmidt-Stiftung mit Informationen und Anregungen für weitere Touren. Jetzt die Straße Boberger Furt queren und gegenüber dem Sandweg in Richtung Bergedorf folgen, erst in den Wald, später entlang der Bille.

Dünenhaus der Loki-Schmidt-Stiftung: alles zum Thema Boberger Naturschutzgebiet

Den Ladenbeker Furtweg **(12)** überqueren und weiter entlang der Bille an der Schule „Sander Tannen“, am Sportplatz Sander Tannen vorbei, den Heckkatenweg kreuzen und dann vorbei an einer Schreberkartenkolonie der Bille gen Bergedorf folgen. Nun verschwindet der Fluss unter der Bergedorfer Straße und unsere Rundtour ist fast beendet. Wir fahren rechts entlang der Bundesstraße und haben den S-Bahnhof Bergedorf wieder erreicht.

Museumseisenbahn „Karoline“
Arbeitsgemeinschaft Geesthachter Eisenbahn e.V.
Bahnstraße 45
21502 Geesthacht
T. 04152 836258
geesthachter-eisenbahn.de

St. Johannis zu Neuengamme
Feldstegel 18
21039 Hamburg
T. 040 7232573
kirche-neuengamme.de

Freilichtmuseum Rieck Haus
Curslacker Deich 284
21039 Hamburg
T. 040 7231223
bergedorfer-museumslandschaft.de/ueber-uns/rieck-haus

St. Johannis Curslack
Rückweg 3
21039 Hamburg
T. 040 7231140
kirche-curslack.de

Zum alten Bahnhof
Karima Dahl & Michael Paetz
Odemanns Heck 5
21039 Hamburg-Curslack
T. 040 72370570
curslacker-bahnhof.de

KZ Gedenkstätte Neuengamme
Jean-Dolidier-Weg 75
21039 Hamburg
T. 040 428131500
kz-gedenkstaette-neuengamme.de

St. Severin-Kirche
Fersenweg 537
21037 Hamburg
T. 040 7230202
kirche-hamburg.de/gemeinden/ev-luth-kirchengemeinde-kirchwerder

---

Ristorante & Pizzeria Al Lago
Lauweg 4
21037 Hamburg
T. 040 7374417
ristorante-al-lago.metro.rest

St. Pankratius-Kirche
Alter Kirchdeich 8
21037 Hamburg
T. 040 7372261
kirche-hamburg.de/gemeinden/ev-luth-kirchengemeinde-st-pankratius-ochsenwerder

Gärtnerei und Hofladen Sannmann
Ochsenwerder Norderdeich 50
21037 Hamburg
T. 040 73712171
sannmann.com

Landhaus Voigt
Ochsenwerder Norderdeich 113
21037 Hamburg
T. 040 7372440
landhaus-voigt.de

Dreieinigkeitskirche
Allermöher Deich 97
21037 Hamburg
T. 040 7372824
kirche-allermoehe.de

Restaurant Dorfkrug
Boberger Furtweg 1
21033 Hamburg
T. 040 7398190
dorfkrug-boberg.de

Boberger Dünenhaus
Boberger Furt 50
21033 Hamburg
T. 040 73931266
loki-schmidt-stiftung.de/boberg

Renaissance der Bille

Von der zweiten Quelle nach Billwerder

„Eine Dame verschwindet“ von Alfred Hitchcock gehört zu den ewigen Perlen des Suspensekinos. Dass ein Fluss auf einmal vollkommen vom Erdboden verschwindet, ist allerdings ein Sonderfall. Bei der Bille tritt er ein. Stromabwärts des Bergedorfer Schlosses fließt die Bille in den Serrahn, den Bergedorfer Hafen, und dort schließt der Schleusengraben, eine der ältesten künstlichen Wasserstraßen Deutschlands, als Kanal zur idyllischen Dove Elbe an: Ein wundervoller Törn mit den Barkassen der Bergedorfer Schifffahrtslinie in die Vier- und Marschlande.

Und die Bille? Verschwunden, wie es scheint. An der Kreuzung von Sander Damm und Bergedorfer Straße entspringt aus einem unscheinbaren Regenwassersiel ein Rinnsal: Und wie so oft geschieht das Wesentliche ganz unauffällig, denn hier handelt es sich um nichts weniger als die Renaissance – vielleicht besser „Rinnessance“ – der Bille abseits des Bergedorfer Zentrums.

Als „Mittlere Bille“ begrüßt sie die struppige Niederung zwischen den „Landesbetrieben Verkehr“ und einem Küchenabluftservice. „Fluss“ mag man sie hier so recht noch nicht nennen,

Billezauber im Gewerbeviertel: zwischen Hauni-Werken und Autohandel strebt die wiedergeborene Bille Hamburg zu: Der Billewanderweg schlängelt sich rechts entlang.

Billewanderweg ländlich – an der Bojewiese beim Bojendamm / Billwerder Billdeich

wie sie an den Hauni-Werken des großen Mäzens Kurt A. Körber entlangstromert.

Die Bille überlässt ihm und seinen Werken die Größe. Erst ein paar Hundert Meter weiter fließt die Kampbille ihr zu und lässt sie zum Gewässer werden. Die Kampbille wird vom Schleusengraben gespeist und ist somit die einzige Verbindung zwischen Oberer und Mittlerer Bille. „Billwerder Billdeich" heißt die Straße, die für die nächsten Kilometer zum treuen Wegbegleiter der Bille wird. Die passiert die kleine Waldung „Sander Tannen" mit ihren Sanddünen und dem „Sander Dickkopp", einem Wasserturm mit Aussichtsplattform, die den Blick bis nach Hamburg öffnet.

Das Stadion der Kicker vom ASV Bergedorf 85, den sogenannten „Elstern", liegt gleichsam zu Füßen des Dickkopps. Ein

Stadion, wie es heute rar geworden ist. Gut einhundert Zuschauer kommen zur Zeit zu den Bezirksligaspielen der Elstern, die in den 1950er Jahren Triumpfe feierten und Tausende lockten. Unvergessen und immer wieder erzählerisch in die Gegenwart geschlenzt: das DFB-Pokalspiel 1982 gegen die Bayern, ja, DEN FC Bayern München vor 12 000 Zuschauern, in dem der ASV bis zur letzten Minute der regulären Spielzeit mit 1:0 führte und dann doch mit 1:5 verlor, womit wir wieder beim Verschwinden sind, das auch die Bille unweit der Sander Tannen vollzogen hat. Hier ist sie wieder da und zeigt sich mit einem ansehnlichen Teich im Billwerder Billdeich Park, bevor sie in das Naturschutzgebiet „Boberger Niederung“ fließt. Ein Wander- und Radweg führt harmonisch an ihr entlang, erst durch Grün im Gewerbegrau, dann mehr und mehr durch Grün in Grün.

Billwerder, das heißt „Insel in der Bille“. Seit 1150 ist die Gegend besiedelt und eingedeicht worden. 1395 kaufte die Stadt Hamburg Billwärder – damals noch mit „ä“ – für 2400 Mark von Otto I. von Schaumburg (ca. 1330–1404), um den Handel und die Elbschifffahrt zu sichern. Die Stadt baute die Deiche aus und Billwärder wurde zum sicheren Ort, an dem die Bauern unbesorgt Hopfen und Getreide anbauen konnten.

Der Dreißigjährige Krieg (1618–1648) und spätere Besetzungen hungerten die Bevölkerung aus – erst als die Bauern von Getreide auf Gemüseanbau umstellten, begann die Gegend zu prosperieren. Billwärder an der Bille wurde im 17. und 18. Jahrhundert zum vornehmsten Gebiet für Landsitze Hamburger Bürger: erste Lage direkt am Fluss. 32 der hiesigen Gebäude stehen auf der Liste Hamburger Kulturdenkmäler.

„Die Bürger haben es wohl gewußt, darum weilten sie gern zur Sommerlust im eignen Garten am Billefluss, fernab von Börse und Verdruß“, reimte der Historiker und Schriftsteller Otto Rüdiger (1845–1904) nicht ohne Spott zum 500. Jubiläum

des Aufkaufs durch die Hansestadt. „Komm, wir fahren nach Billwerder an den Busen der Natur“, lautete das knappe Motto der Stadtflüchtigen.

Zum längsten Straßendorf Europas sollte es später werden, ursprünglich 17 Kilometer lang: grüne Insel, grüne Lunge, Naturparadies und von Großbauvorhaben bedroht. Rapsfelder und Herrensitze, Hippieskes Flussidyll und Autobahn, Aufbegehren und Widerstand gegen die Zerstörung einer einmaligen Landschaft durch das Stadtentwicklungsprojekt Oberbillwerder: Es ist das zweitgrößte Projekt nach der HafenCity, auf 120 Hektar entstehen 7000 neue Wohnungen.

Billwerder wirkt gegen die Neuansiedlung ein bisschen wie das kleine unbezwingbare gallische Dorf aus den Asterixheften. „Dies ist kein Dorf – dies ist wunderbarste Landschaft mitten in der Stadt“, staunte Publizist Tom Janssen über Billwerder. Für Freunde öffnet es sich aber außerordentlich gastlich, der Hof

„Neun Linden“ mit seinem Café etwa. Das Säulenportal beweist Kultur, Geschmack, soliden Bau und ebensolche Geschäfte, der Backstein untermauert das in norddeutscher Noblesse. Mit dem Charme eines Hauses an der Elbchaussee schaut der Hof „Neun Linden“ zum Billwerder Billdeich, schließlich begleiten einen Flusslauf beide Straßen und das Billeufer hat ja seine Geschichte als Fluchtort für wohlhabende, stadtmüde Hanseaten vor der großen Zeit der Elbvororte begonnen. Versteht sich, dass die namensgebenden neun Linden fein gestutzt im Vorgarten des historischen Gehöfts stehen, das in fünfter Generation von Familie Stubbe bewirtschaftet wird.

Die große Düne in Boberg – Hamburgs letzte Wanderdüne kommt jedes Jahr zehn Zentimeter voran.

Seit 1896 steht das Gehöft als landwirtschaftlicher Betrieb hier, heute um Hofcafé und Bioladen erweitert. Wer sich auf den Hof begibt, erblickt „Neun Linden“ von hinten und sieht die wellblecherne Entsprechung der noblen Front – typisch billwerdersche Zerrissenheit. Die große Scheune wird für Feierlichkeiten vermietet, sie atmet Landluft, der Misthaufen ist schließlich in unmittelbarer Sichtweite aufgehäuft wie überhaupt hier alles so ist, wie der Großstädter sich Landleben vorstellt, von Gänseschnattern bis Hühnergackern – der alte Stadtfluchtgedanke auf schönste Art wiederbelebt, Hühnerfüttern und Traktorfahren inklusive. Unprätentiös und mit unfraglicher Selbstverständlichkeit ist das Hofcafégestühl über die Hofwiese verteilt, überall zauberhafte Ecken und Winkel zum Verzehr der hausgemachten Torten zu frisch aufgebrühtem Biokaffee. Mit Glück erwischt man einen „leckeren Donnerstag“, da sind die köstlichen Torten im Angebot. Der kleine Hofladen im ehemaligen Schweinestall ist einen Besuch wert – schon besagter Tortenauswahl in der Etagère wegen – hier gibt es Lebensmittel aus natürlichem regionalen Anbau, hochwertige Bioprodukte, natürlich Hamfelder Milch und neben frischen Eiern auch den saisonalen Ertrag des Hofs von Erdbeeren bis Süßkirschen. Und die „Tante-Martha-Ecke“, in der Rainer Stubbe kleine Preziosen aus der Familiengeschichte ausgestellt hat, gerade noch konnte er sie vor der Vernichtung beim Osterfeuer retten.

Was früher auf den Tisch kam, grast in ganzjähriger Freilandhaltung auf den neun Hektar Weidefläche gegenüber vom Hof, direkt an der Bille: eine Herde von 25 zottelig-charmanten Gallowayrindern. Heute sind sie kein Schlachtvieh mehr, sondern gleichsam als Landschaftspfleger beschäftigt, sie halten die Weiden kurz und sorgen so für den Lebensraum von Bodenbrütern, Reptilien, Insekten und Kleinsäugern. Die vegane Freundin des Hofbesitzersohns sorgte für die Veränderung, Tierfreunde können jetzt den kulinarischen Genuss durch Patenschaften für die Rindviecher ersetzen, die nur noch im Notfall geschlachtet werden dürfen – ein Stück ungewöhnlicher und aktiver Naturschutz. Wer keine Rinderpartnerschaft übernehmen mag, kann ohne weiteres seine tägliche Verbundenheit zeigen: Ein origineller Kalender mit zwölf Gallowaymotiven ist im Hofladen zu erstehen – ein eigenwilliges Mitbringsel auf jeden Fall.

Den Billwerder Billdeich etwas weiter hinuntergebummelt, kommt man zur Boberger Furt und damit zur nächsten Stätte der Gastlichkeit. „Wilder, als man denkt", stellt sich der „Dorfkrug" von Billwerder vor, dessen Name schon die überschaubare Gemeinschaft der Billeanrainer beschwört. Schule, Kirche, Bar, Bistro war das Fachwerkhaus bereits im Laufe seiner Existenz, die weit vor 1800 begann. Als Krämerladen von Mutter Kniepsch genoss es lokalen Ruhm. Aus dem Krämer- und Kolonialwarengeschäft entwickelte sich die Gaststätte die erst „Zur Boberger Brücke", dann „Zum Kanzler" hieß und von den Hamburgern gern per Paddelboot auf der Bille angesteuert wurde.

Seit 1978 nennt sich das Wirtshaus „Dorfkrug" und es kann durchaus geschehen, dass das freundliche Wirtspaar Chukh darauf hinweist, dass der Revierförster gerade frisches Wild vorbeigebracht habe. Versteht sich, dass es zur Freude der Gäste sofort auf den Tisch kommt, oft genug schneller, als es auf der Karte auftauchen kann. Klassiker wie hausgemachte Käsespätzle, Zwiebelrostbraten vom Rumpsteak, Putengeschnetzeltes oder gegrillte Gambas in Currysauce mit Feigen und Basmatireis schmeicheln auch verwöhnteren Gaumen, der warme Apfelstrudel oder die Banane im Bierteigmantel sind durchaus die ein und andere Sünde wert. Auf der großen, angenehm schattigen Terrasse lassen sich Bille-Ausflüge kulinarisch abrunden oder beginnen.

Ländliches Idyll am Billwerder Billdeich – einst zog sich hier an der Bille Europas längstes Dorf entlang.

Ein überaus lohnendes Ziel findet sich gleich um die Ecke in der Boberger Furt: Die Stiftung der großen Naturfreundin und so unaufdringlichen wie beharrlichen Aktivistin in Sachen Naturschutz: Loki Schmidt lädt zum Besuch des Boberger Dünenhauses. Hier bietet sich die äußerst seltene Gelegenheit, einen Ameisenlöwen zu füttern und ihn sogar zu sehen, denn normalerweise verbirgt er sich im Sand der Boberger Dünen gleich nebenan. Er ist eine räuberische Insektenlarve, die Ameisen und andere kleine Tiere mit Raffinesse fängt: Im sandigen Boden baut er Trichter und wartet nur, bis seine Beute im lockeren Boden zum Grund rutscht. Mahlzeit!

Im Dünenhaus gibt es „einiges zu bestaunen“ und vieles zu lernen. In Schaukästen, Terrarien, Becken und Nestern lässt sich ein genauer Blick auf das Leben im Naturschutzgebiet der Boberger Dünen werfen, ohne dass man die Wege verlassen muss und damit die Natur gefährdet. Allein 110 Pflanzen kommen hier vor, die auf der Roten Liste der geschützten Arten stehen. Ausstellungen, Vorträge und Führungen bietet das Dünenhaus darüber hinaus, um aufzuklären über die natürliche Kostbarkeit ringsum.

Boberger Dünen, das klingt nach Meer und Urlaub – das Meer ersetzt der Boberger See, die Dünen sind direkt da, Hamburgs letzte Wanderdünen, die jährlich rund zehn Zentimeter vorankommen und selbst zum Wandern einladen. Es geht am südlichen Rand entlang, bei geeignetem Wetter: Schuhe aus und den Sand fühlen, im Sommer kann es allerdngs recht heiß werden ...

Der Dünensand, den die regelmäßigen Winde im früheren Elburstromtal erzeugten, blieb durch einen glücklichen Zufall

Rapsblüte am Billwerder Billdeich – Großstädters Traum vom Landleben, den schon die alten Hanseaten suchten.

Heideblüte in den Boberger Dünen – Naturschutzgebiet mit höchstem Schauwert und Refugium für die Heidelerche und rare Insekten wie den Ameisenlöwen

erhalten und wie so oft steckt in Hamburg ein wirtschaftlicher Grund dahinter. Denn eigentlich wurden die Dünen nach und nach, Sandkorn um Sandkorn, für Bauzwecke abgetragen. Im Jahr 1927 aber konnte man sich nicht auf einen Sandpreis einigen und so blieben Düne und die Landschaft erhalten. Glück für den ganzen Norden. Das einzigartige Gelände mitsamt der umgebenden Heide wurde unter Naturschutz gestellt, ist zum Rückzugsgebiet für seltene Insekten wie den Ameisenlöwen, für Kleintiere und Pflanzen geworden: Allein fünf verschiedene Orchideenarten lassen sich entdecken, die Heidelerche jubelt, der Wachtelkönig regiert unbedroht. Das Dünenhaus gibt alle nur erdenklichen Informationen und Schaubeispiele dazu her.

Der Weg zum Boberger See mit seinem Badestrand gewährt reizvolle Blicke in die fruchtbare Marschlandschaft, mit Glück begegnet man in der Heide dem Schäfer, der mit seiner Herde zu Gast ist und dafür sorgt, dass die Heidelandschaft entkusselt wird. Darunter ist keine Jugendschutzkontrolle zu verstehen, sondern die Entfernung junger Bäume, die das Gelände zu überwuchern drohen, namentlich der „Japanische Staudenknöterich“. Den Schafen schmeckt es, pastorale Stimmung an der Bille.

Der See lockt allemal zu einem Aufenthalt, im Sommer ist er das Ziel etlicher sonnenhungriger Hamburger. Vom See aus gesehen links liegen die Gelände zweier Segelflugvereine, dem „Hamburger Aero Club“ und dem „Hamburger Verein für Luftfahrt“. Deren Flugfeld profitiert ebenfalls von den Schafen, denn die halten die Grasnabe schön kurz – gut 1,3 Kilometer Knabberei bietet die Startbahn den hungrigen Gästen. „Wenn Du fliegen willst, musst Du den Mist loswerden, der Dich herunterzieht“, zitiert der Verein für Luftfahrt die afroamerikanische Autorin Toni Morrison (1931–2019) und wirbt damit um Gäste

Naherholungsgebiet für alle – mit Silberreiher-Gruppe an der Bille entlang des Billwerder Billdeichs

und potentielle Segelflugfreunde, die das schöne Hobby hier mit spektakulärer Sicht betreiben oder lernen wollen.

Schnupperstunden bieten beide Vereine auf ihren Websites an, das Erlebnis ist atemberaubend und macht Hunger auf mehr. Der Hunger lässt sich am Billwerder Billdeich in edler Atmosphäre stillen: Die „Alte Deichkate“ bietet Frühstück auch für Langschläfer, süße Kuchenversuchungen, Waffeln sowie traditionelle Landhausküche mit Köstlichkeiten aus der Region.

Von 1650 stammt das liebevoll restaurierte Hufnerhaus des Boberger Reitvereins, unter dessen Reetdach schon die Hamburger Michelpastoren selig in der Sommerfrische im Wechsel beteten und schlummerten, es war ihre Sommerresidenz an der Bille. Versteht sich, dass der Bau entsprechend geschmückt wurde: Die bemalte Balkendecke ist eine Sehenswürdigkeit. Fremd fühlten sich die Michelpastoren am Billwerder Billdeich wohl ohnehin nie, St. Nikolai dürfte ihnen das Gefühl gegeben haben, dem Himmel und Hamburg mit dem Michel zugleich ganz nah zu sein. „Wer nur den lieben Gott lässt walten und hoffen auf ihn allezeit, den wird er wunderbar erhalten in aller Not und Traurigkeit. Wer Gott dem Allerhöchsten traut, der hat auf keinen Sand gebaut …“, so sang die Gemeinde voller Inbrunst immer wieder sonntags auf den türkisfarbenen Kirchenbänken zu St. Nikolai. Aber tatkräftige Unterstützung des klingenden Vertrauens zur Lobpreisung des Herrn durch Baumaßnahmen war den begüterten Grundbesitzern und Landwirten in Billwerder doch wichtig: Ihre Kirche sollte sowohl deutliches Zeugnis von der Kraft des Glaubens, als auch von der Macht der Mittel, die als Frucht irdischen Schaffens zusammenkam, ablegen.

Als sei es „Out of Africa“: Sonnenuntergang im Nebel am Rand des Naturschutzgebiets „Boberger Niederung“.

St. Nikolai – über die Bille vom Billewanderweg aus gesehen. Unbedingt besuchen – außerhalb der Gottesdienste gibt es den Schlüssel im Kirchenbüro gegenüber.

Wie ein Michel im Kleinformat, so wirkt der prächtige Sakralbau innen, der im Zeichen von St. Nikolaus, dem Schutzheiligen von Getreidehändlern, Seeleuten und obendrein der Deutschen Hanse, steht. Ein Statussymbol für die reichen Hanseständter, die sich an der Bille ihre Sommerresidenzen errichtet hatten. Dabei war die Kirche noch die Ausführung des billigeren zweier Entwürfe des Baumeisters Johann Nicolaus Kuhn (gest. 1744), dem angesehenen Kenner barocker Bauweise und einzig professionellen Architekten unter den Handwerkern der Bauwirtschaft Hamburgs Anfang des 18. Jahrhunderts.

Kuhns Neubau sollte die baufällige alte Kirche ersetzen, die 1347 das erste Mal aktenkundig geworden ist und eine ursprüngliche Holzkirche von 1251 ersetzte. Eine Orgel wird 1627 erstmals erwähnt, der Bauauftrag für eine Kanzel wurde 1632 vergeben, aber mehr als von Neuerungen ist immer wieder von Wiederaufbau und Reparaturen nach Deichbrüchen die Rede. 1737 wurde die marode Pfarrkirche abgerissen und zwei Jahre später der Neubau nach Kuhns Entwurf mit pompösen Feierlichkeiten eingeweiht.

Der Hamburger Kirchenmusikdirektor Georg Philip Telemann (1681–1767) wurde beauftragt, ein Oratorium zur Eröffnung zu komponieren. „Siehe da! Eine Hütte Gottes bey den Menschen“, heißt das Werk, nebenbei die älteste erhaltene Eröffnungsmusik des schaffensfrohen Komponisten – „wohltuend knapp gehalten“, wie eine Notiz besagt. Die Abendmahlfeier allerdings wurde gestrichen, es meldete sich zur Teilnahme nur eine Person.

Um den alten hölzernen, von der Kirche getrennt stehenden Turm gleich mit zu ersetzen, reichte das Geld nicht, erst 1884 wurde der heutige Backsteinturm erbaut, rückblickend keine

St. Nikolai innen – mit dem prächtigen Kanzelaltar und seinen Marmorsäulen. Hamburgs Michel stand Pate für den Billwerder Sakralbau mit dem goldgestirnten Deckenhimmel.

Am Nordufer der Bille bei St. Nikolai. Rast im Grünen am Billewanderweg

nur glückliche Entscheidung. Denn die unmittelbare Nähe zur Kirche begünstigte die nächste Zerstörung: Im Turm entstand bei Lötarbeiten 1911 der Brand, der St. Nikolai nochmals vollkommen vernichtete. Der Direktor des Museums für Kunst und Gewerbe, Justus Brinckmann, entdeckte das brennende Kirchenschiff vom vorbeifahrenden Zug nach Bergedorf aus, zog kurzentschlossen die Notbremse und eilte unter Rufen „Der Altar!!!“ dem brennenden Gotteshaus zu, um löschen und retten zu helfen.

Beim Wiederaufbau wurden das Gewölbe des Kirchenschiffs und der Turmhelm sicherheitshalber in feuerfestem Stahlbeton errichtet. Der Taufstein von 1740 ist das einzige Inventar der Kirche, das den großen Brand überstanden hat. Die Nikolausskulptur über dem Kirchenportal gehört ebenfalls zur ursprünglichen Ausstattung. Altar und die mächtigen Kronleuchter sind Nachbildungen der Originale durch den Bildhauer August Henneberger (1873–1961) von 1913.

Der prächtige Kanzelaltar entspricht barocker Weltsicht, die vier lebensgroßen Evangelistenstatuen stehen auf einer Ebene mit dem gegenwärtigen Prediger – die Kirchen- und Glaubensgeschichte lebt aus der Historie heraus in den Moment hinein. Dass die Reichen und Sommerfrischler auf der Empore die Reihe von Evangelisten und Prediger auf derselben Ebene fortgesetz haben, ist ein feines Detail des Kirchenbaus, der sich seiner Auftraggeber bewusst ist. Der Schalldeckel über der Kanzel sorgt dafür, dass die Predigt zumindest akustisch die Gemeinde erreicht. Putten säumen ihn, und der Pelikan, der sich die Brust aufreißt, um seine Jungen mit dem eigenen Blut zu nähren als Symbol für Jesu Opfertod, thront darüber. Die schwebende Taube oberhalb steht für den Heiligen Geist und das gewaltige, wiederrum von Putten auf goldenen Lichtstrahlen umgebene Auge Gottes sieht alles, was in und um Billwerder geschieht, geschehen ist und wird. Darüber steht nur der zauberhaft gestirnte Himmel des Kirchengewölbes.

Die imposanten Marmorsäulen sowie die prächtige Verkleidung der Logen sind feine Täuschungen im Barockstil: alles nur aufgemalt, das jedoch in höchster Kunstvollendung – siehe auch Maler- und Lackierermuseum nur ein paar Schritte stadteinwärts. Die Bodenfliesen ziert der Fisch als altes christliches Symbol, die Keramik selbst erinnert an töpferische Boberger Marschtradition.

Das bronzene Geläut wurde im Ersten Weltkrieg eingeschmolzen: Über drei Tonen wogen die drei Glocken. Sie wurden durch Stahlglocken ersetzt. Schmallippig führt die Kirchenchronik an: Die Bronzeglocken kosteten 10 000 Goldmark, das Stahlgeläut dann 10 000 Papiermark. Seit 1986 ist der Klang der alten Welt wiederhergestellt, Bronze tönt wieder über Billwerder. Sollte die Kirche geschlossen sein – im Pfarrhaus gegenüber mit der Inschrift: „Wir haben hier keine bleibende Statt, sondern die zukünftige suchen wir“, hat die Schlüsselsuche ihr rasches Ende, äußerst freundlich und aufgeschlossen. In jedem Sinn wird hier geholfen.

Der Gang über den Kirchhof mit Blick in die Marschweite ist wie eine kleine Historienreise, die durchaus Erstaunliches zu bieten hat. An die Walfängertradition der Billwerder Seeleute im 16. und 17. Jahrhundert wird erinnert, über die Bille, die damals noch eine veritable Wasserstraße war, zogen sie aus ins Nordmeer auf Waljagd. Wer dabei einen Grönlandwal mit der Harpune erlegen konnte, erhielt auf seinem Grabmal einen Ehrenbogen aus den gewaltigen Walunterkiefern – der Rest eines solchen Bogens ist hier ausgestellt. Mit einiger Fantasie lässt sich die zweiteilige Sache auch zum Ehrenmal vervollständigen, die Walkieferreste zeigen sich heute doch recht zerrupft durch den nagenden Zahn der Zeit.

Der sehenswerte Grabstein der „Jungfrau von Horn“ , die am 5. Juni 1885 im Alter von 85 Jahren klaglos dahinschied, ist gerade von der Stiftung Billwerder hübsch restauriert worden. Er wirkt nun wie unberührt. Ein Findling und schwere Ketten sowie ein kupfernes Reliefportrait, dessen Grünfärbung auf dem Stein wilde Spuren eingefressen hat, zieren die Grabstelle des hochdekorierten Generals Gustav von Manstein (1804 – 1877), der nach seinen Einsätzen im Deutsch-Dänischen Krieg, dem Deutsch-Österreichen und dem Deutsch-Französischen Krieg die letzten Jahre seines Lebens friedlich in Billwerder verbrachte.

Am ehemaligen Pastorat am Billwerder Billdeich gleich um die Ecke befindet sich eine Plakette zu Ehren von Friedlieb Ferdinand Runge, dem Chemiker, der hier als Pastorensohn am

8. Februar 1794 geboren wurde. Er hat sich grundlegend mit Anilin beschäftigt, unter anderem das Koffein auf Goethes Anregung hin erstmals beschrieben und ist nicht verwandt mit dem Maler Philipp Otto Runge, der aus Wolgast stammte und von dem etliche Werke der Stolz der Hamburger Kunsthalle sind. Dennoch hat auch der Billwerder Runge seine Spuren in der Kunstgeschichte hinterlassen können: Auf seinen Forschungen beruhen die Runge-Bilder, sogenannte „Bilder, die sich selber malen", indem sich Farben durch Kapillarwirkung auf einem Blatt verteilen. die Vorläufer der Papierchromatographie. Alljährlich wird in Berlin ein Friedlieb-Ferdinand-Runge-Preis für unkonventionelle Kunstvermittlung verliehen. Billwerder erstrahlt in seinem Geist.

Als radikaler Einschnitt der Realität wirkt da die Autobahn 1, die Billwerder teilt. Über die Bille und den Billwerder Billdeich hinweg rollt unablässig der Verkehr – wundersamer Kontrast zu den Linden am Billdeich. Jeweils am Fuße der Autobahnüberführung zweigt in südlicher Richtung der letzte Rest des original erhaltenen Billdeichs mit seiner Kopfsteinpflasterung ab. Auf beiden Seiten ist jeweils ein besonderes Denkmal zu finden, auf der östlichen Seite das Predigerwitwenhaus und auf der westlichen Seite das Glockenhaus. Schöne Altbauten fallen ins Auge und hier kommt derjenige auf seine Kosten, der endlich einmal die hohe Kante sehen möchte, auf der Erspartes oder Notgroschen liegen.

Wer erfahren will, wann und wie jemand zum allerersten Mal in die Wüste geschickt wurde, der ist im Deutschen Maler- und Lackierermuseum am rechten Ort. Das zweistöckige Glockenhaus in Billwerder birgt dieses kleine und sehr eigene Museum. Es verströmt den Stil und Charme der frühen Landhauskultur, die reiche Hamburger pflegten. Die ursprüngliche Bauernkate wurde 1600 um einen Wohntrakt im Landhausstil

Die reetgedeckte Scheune und das Glockenhaus des „Deutschen Maler- und Lackierermuseums" mit großer und origineller Sammlung

erweitert und ging als Eigentum in Folge durch die Hände mehrerer vermögender Hamburger. Ein kleiner Barockgarten mit ornamentalen Buchsbaumreihen und farbintensiven Sommerblumen lässt im Ansatz nachempfinden, wie die großzügige Anlage sich einst bis zum Ufer der „lieblichen Bille" erstreckte.

Eine so originelle und interessante Sammlung findet sich auf den zwei Stockwerken des Hauses mit dem auffallenden Glockenturm, der dem Haus den Namen gibt. Im Entree prangen die Zunftfahnen mit dem unvermeidlichen Lüsterweibchen über den Wappenschildern. Das Weibchen gilt als Muse, ihr wird die Gabe der Inspiration für Zunftmitglieder zugeschrieben. Die Wände und Stuckdecken zeigen die Wirkung dieser Inspiration, sind Exempel bester Handwerkskunst. Mit Raffinesse täuschen Farben plastische Ornamente vor, eine beliebte Spielerei des Klassizismus.

Ohnehin lässt sich im Museum einiges über die Möglichkeiten der Sinnestäuschung erfahren, wie Edelhölzer oder Marmor eben nicht mehr von weither angefahren werden müssen, sondern nebenan in der Malerwerkstatt gleichsam im Pinselumdrehen entstehen. Urkunden, Schablonen, Tapetendruckwalzen locken internationale Spezialisten an die Bille, die Sammlung hat einen großen und weitschallenden Ruf. Sie bietet eine abwechslungsreiche Reise in die Geschichte von selbstverständlicher Alltäglichkeit und angewandter Kunst. Wer ahnt schon, dass der erste Entwurf einer Versatztapete Albrecht Dürer zugeschrieben wird.

Zwischen Lackhautquetschen und Farbmühlen finden sich Meisterstücke wie das von Johann Jacob Buchholz aus dem Jahr 1787, auf dem beredt erzählend gezeigt wird, wie Abraham seine Geliebte Hagar mitsamt dem gemeinsamen Sohn Ismael auf Drängen seiner Frau Sarah in die Wüste schickt. Der Blick

Schottsche Karre in bestem Glanz in der „Tenne“ des Maler- und Lackierermuseums

an die Decke zeigt wunderbaren Barockschmuck: Wie niederländische Kacheln überdecken die Farben das alte Balkenwerk. Eindrückliche Flussszenen nehmen das Billeumfeld spielerisch auf – und überall finden sich Abbildungen von Lukas, dem Schutzpatron des Malerhandwerks: Dreißigmal soll er der Legende nach Maria mit dem Jesukind gemalt haben. Schon diese mantramäßige Versenkung in ein Motiv verleiht ihm unbestritten seinen Ehrenplatz in Ewigkeit. Die vier großen Pokale und der Humpen im Silbersaal werden ihrer Funktion gemäß „Willkommen" genannt – bei Begrüßungszeremonien wurden die silbernen Becher zum gemeinsamen zünftigen Umtrunk benutzt.

Ausstellungsstücke führen in die Feinheiten der Vergoldung ein und der Bühnenmalerei ist eine Vitrine gewidmet, in der Pinsel mit extrem langen Stielen zu sehen sind: Mit ihnen ließ sich im Stehen und mit Abstand die liegende Kulisse bemalen, versteht sich mit Stoffüberschuhen zur Schonung der Bühnenbilder, die ebenfalls ausgestellt werden.

Ein Meisterbüro mit einem alten Schreibtisch und einem Telefon, dessen Verbindungen das „Fräulein vom Amt" noch per Hand vermittelte, sowie einer mechanischen Rechenmaschine geben einen lebendigen Eindruck vom Arbeitsalltag vor einhundert Jahren.

„Mit Fleiß sich regen, bringt Glück und Segen", bescheidet eine Fahneninschrift den müßigen Billebummler und lässt ihn den Weg nach draußen nehmen.

Gleich gegenüber vom Glockenhaus befindet sich die Tenne, eine reetgedeckte Scheune von 1649, die eigentlich in Kirchwerder und dort unter Denkmalschutz stand. 1986 wurde die Scheune nach Billwerder auf das Museumsareal versetzt, ihr Eichenholzfachwerk zählt zum ältesten erhaltenen in den Vier- und Marschlanden. Die Tenne ist gesäumt von liebevoll ausgestatteten Kabinetten zu Themen der Handwerksgeschichte,

St. Nikolai mit Bille im Nebelfeld, ländlich-poesievolle Musterlandschaft innerhalb der Großstadt Hamburg

als Prachtstück steht auf der Tenne ein Gesellschaftswagen von 1840, dessen florale Verzierungen einen Eindruck von den Fertigkeiten der Wagenlackierer in der Zeit vor der Erfindung der Spraydose ablegen. Von kunstvoller Ornamentpracht zur Fertigung makelloser Oberflächen – so entwickelte sich ihr Berufsbild.

In der Remise gegenüber der Tenne stehen Transportfahrzeuge für Maler, Schottsche Karren, Handwagen und Transportschlitten. „Strahlwirkung für zukünftige Generationen" übt dieser „Hort des gesammelten Erfahrungswissen des Maler- und Lackierergewerkes" aus, dafür gab es den Dr. Murjahn-Förderpreis mitsamt eines stattlichen Preisgeldes. Zu Recht. Höchst sehens- und erfahrenswert.

Rund um den Segelflugplatz an den Boberger Dünen

Kleine, leichte Wanderung (sehr für Kinder geeignet), für Fahrradfahrer wegen teils sandiger Wege etwas beschwerlich

Start und Ziel: Parkplatz Boberger Furt

Dauer: mindestens eine Stunde

Segelflugplatz Boberg an den Boberger Dünen

Vom Parkplatz **(1)** die Straße Boberger Furt queren und dem Teerweg (Walter-Hammer-Weg) in Richtung Westen folgen. Links wird der Weg von einem Birkenwäldchen gesäumt, dahinter erheben sich die Dünen **(2)** mit dem Dünenhaus („Naturschutz-Informationshaus Boberger Niederung") **(3)**. Nach etwa 500 Metern erreicht man den Segelflugplatz mit der Riesenrasenfläche, die als Start- und Landebahn dient. Das Gelände auf der Südseite umrunden (also links abbiegen). Im Spätsommer spektakulär auf der linken Seite des Wegs (immer noch Teerweg): große Heideflächen, durch die sandige Pfade führen. Links taucht der Boberger See **(4)** auf, der als beliebter Badesee dient. Den Flugplatz an dem westlichsten Punkt (bei Nummer **(5)** steht eine Parkbank, von der man den Flugbetrieb schön beobachten kann) umrunden und auf der nördlichen Seite auf sandigen Wegen in Richtung Tower (mit Windhose), Clubhaus **(6)** des „Hamburger Aero-Club Boberg e.V." und „Hamburger Verein für Luftfahrt e.V." gehen. Der HAC bietet Schnupperkurse und Mitfluggelegenheiten an, ebenso der HVL. Außerdem kann man hier auch einen Segelflugschein machen (ab 14 Jahre). Der Wanderweg führt uns an den Flugzeughallen (und an dem Gatter für die Schafherde, die hier in der Gegend manchmal weidet) vorbei durch ein kleines Wäldchen zurück zum Parkplatz.

Tipp:

Zu einer Extrarunde lädt der ausgeschilderte Weg **(1a)**, (links herum, 2,7 Kilometer, 1 Stunde) um das „Achtermoor“ ein. Der mit einem gelben Vogel gekennzeichnete Weg wird vom „Naturschutz-Informationshaus Boberger Niederung“ empfohlen.

Boberger Dünenhaus
Boberger Furt 50
21033 Hamburg
T. 040 73931266
loki-schmidt-stiftung.de/boberg

Hamburger Aero-Club Boberg e.V.
Weidemoor 21
21033 Hamburg
T. 040 7394334
hac-boberg.de

Hamburger Verein für Luftfahrt e.V.
Weidemoor 23
21033 Hamburg
T. 040 7394849
hvl-boberg.de

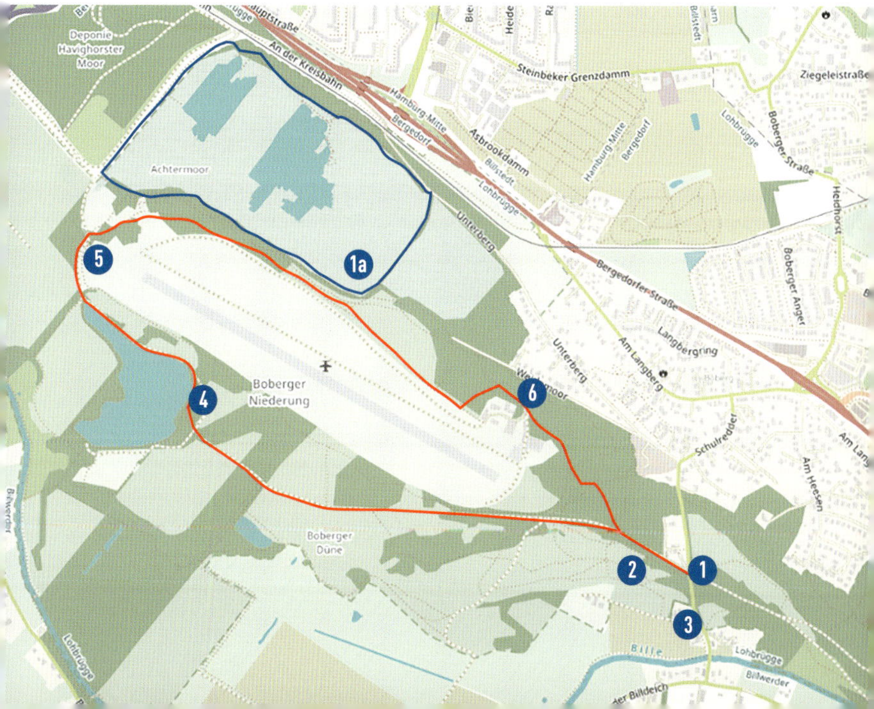

Vom Boberger Dünenhaus über die Wanderdüne durch Feld, Wald und stromaufwärts der Bille

Start und Ziel: Parkplatz Boberger Düne (Straße Boberger Furt), Anfahrt auch mit ÖPNV (Bus und Fußweg) möglich.

Makierung: erst oranger Schmetterling, dann blauer Hase

Dauer: mehr als zwei Stunden

Vom Parkplatz **(1)** kommend auf einem schmalen, sandigen Fußweg nach links in Richtung Boberger Dünenhaus gehen **(2)** (Loki-Schmidt-Stiftung). Besichtigungsmöglichkeit, hier werden auch naturkundliche Führungen angeboten. Straße vorsichtig überqueren und in die gegenüberliegende sandige Straße einbiegen, die rechts neben dem Dünenhaus in Richtung Westen führt. Vorbei an einigen Wohnhäusern führt ein kleiner Weg (gelbes Schild „Düne“) rechts auf die große Düne **(3)**. Auf der Düne (entlang einem sehr niedrigen Drahtzaun, der das Betreten der dahinter liegenden sehr schützenwerten Flächen verhindern soll) hat man einen wunderschönen Blick über die riesige Sandfläche bis zum Segelfluggelände; bald erreicht man einen befestigten Weg, dem man nach links folgt (im Sommer hier Heideblüte) **(4)** und der den Wanderer an den Rand des Naturschutz-

Bille-Diorama im Dünenhaus der Loki-Schmidt-Stiftung

Lautloses Gleiten: Segelflieger über Boberg

gebiets führt. Hier angekommen blickt man über landwirtschaftlich genutzte Felder und die Marsch mit ihren typischen Gräben.

im Sommer meistens ausgelastet. An der westlichen Spitze des Sees nach links gehen und dem Wanderweg folgen. Nun erreicht man das Billeufer, hier überspannt die

Baumpersönlichkeiten am Billerand in Licht und Raps getaucht ... und in allen Jahreszeiten

Auf unebenen, naturnahen Wegen geht's weiter in Richtung Boberger Baggersee; vorher erreicht man den Haarteich **(5)**, den man links liegen lässt, am Ende des kleinen Teichs rechts abbiegen, nach etwa 100 Metern erreicht man den Walter-Hammer-Weg. Nach weiteren 300 Metern sieht man links den Baggersee **(6)**. Hier am Ufer des Sees ist der Badestrand mit Liegewiese, beide sind

Billwerder Kirchenbrücke den Fluss zur St. Nikolaikirche **(7)**. Wir bleiben auf dem Nordufer der Bille, erfreuen uns an der Spiegelung des Kirchturms in der Bille und gehen stromaufwärts immer am Ufer auf dem breiten Wanderweg.
Gute Beobachtungsmöglichkeit von wilden Tieren **(8)**: Rotkehlchen, Blaukehlchen, Graugänse, Weißstörche, Goldammer, Silber

Impression vom Billewanderweg unter dem Regenbogen

reiher, Fasane, Hasen, Rehe, Füchse, Nutria. Hunde unbedingt anleinen!
Reitwege queren das Gebiet. Auf den Weiden Pferde, Kühe, Kälber. Gleicht sieht man links wieder die Düne, etwas später das Dünen-

Kälberglück auf den Weiden am Billerand

haus; jetzt sind es nur noch 100 Meter bis zum Parkplatz „Boberger Düne".
Vorher könnte man im „Dorfkrug" speisen oder schräg gegenüber frische Blumen und junges Gemüse bei Familie Klüver **(9)** als Mitbringsel erwerben.

Boberger Dünenhaus
Boberger Furt 50
21033 Hamburg
T. 040 73931266
loki-schmidt-stiftung.de/boberg

Loki-Schmidt-Stiftung
Geschäftsstelle
Steintorweg 8
20099 Hamburg
T. 040 28409980
loki-schmidt-stiftung.de

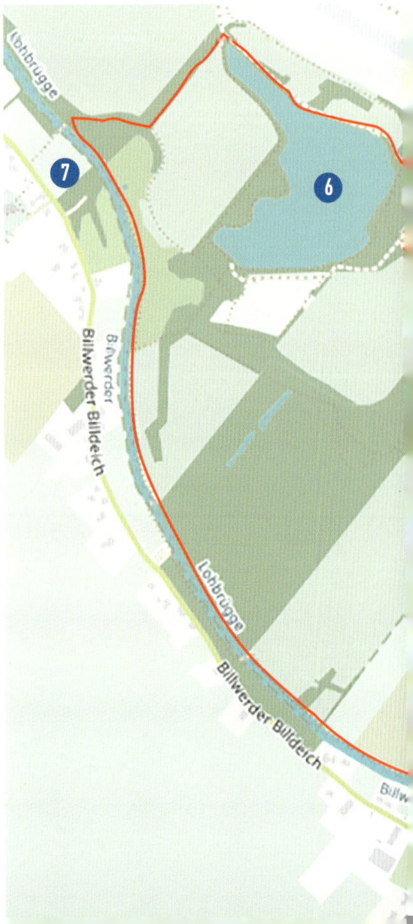

St. Nikolai zu Billwerder

Billwerder Billdeich 142
22113 Hamburg
T. 040 7340775
kirche-billwerder.de

Restaurant Dorfkrug

Boberger Furtweg 1
21033 Hamburg
T. 040 7398190
dorfkrug-boberg.de

Aufbruch ins Unbekannte

Durch Billbrook ab in den Hafen

Streetsmart statt elegant, so streunt die Bille gen Hamburger Hafen, zwischen Beton und Unkraut fließt sie lässig und cool dahin– proletarisch stolz, mit Wunden, Narben und Ausdünstungen, mit überraschenden Idyllen darin: Aber wie sagt der Schrottplatzbetreiber Markus Sommer, der in dritter Generation die metallenen Reste der Wohlstandsgesellschaft biegt, presst, zerhackt, entsorgt oder handelt: „Warum soll sich denn da einer hinlegen, das ist doch kein Naherholungsgebiet, da stehen die Laster neben Dir und stinken Dich voll – so ein Quatsch." Alles andere als gefällig, aber unendlich lebendig ist die Bille, nirgends auf Hochglanz poliert, ehrliche urbane Atmosphäre, die Kontraste nicht verwischt, sondern ganz einfach nebeneinander stehen lässt: In der der buddhistische Tempel direkt neben der Verschrottung zur Einkehr lädt, das Tee- und Kaffeekontor unweit der Müllverbrennung feinste Geschmacksnuancen auslotet, der Groß-Puff „Babylon" mit Niedrigpreisen wirbt und das Festzelt für Familienfeste mit mehreren hundert Personen am Ufer flattert.

Die „Serrahn Deern" von der Bergedorfer Schifffahrtslinie auf großem Bille-Törn von der Liebigbrücke aus gesehen

Mobiles Wohnen am und im Strom: Hausboot und Marina an der Billerhuder Insel an der „Braunen Brücke"

Mittendrin erblüht einer Fata Morgana gleich das Schrebergartenidyll der künstlichen Billerhuder Insel mit seiner Marina, ein kaum gekanntes Juwel der Hansestadt. Sechs farbige Brücken queren den Lauf des Flusses: rot, gelb, grün, blau, braun und schwarz sind ihre Brückengeländer gestrichen, sie sollten den Menschen in den Arbeiterquartieren, die dort ab 1850 mit der Entwicklung des Gewerbe- und Industriegebiets entstanden, die Orientierung erleichtern. Die Brücken aber waren weit älter, die Rote Brücke wird bereits 1604 erwähnt. Damals farblos eben. 1913 wurde Billbrook zum eigenen Stadtteil.

An Schmuckfiguren aus allen nur vorstellbaren Materialien mangelt es nicht in den Vorgärten am Billbrookdeich. Gefällige Mythengestalten oder Fabelwesen in allen Größenvariationen und Verrenkungen lassen immer wieder staunen, imposante

Löwen in jeder Form finden sich gleich rudelweise an den Billeauen. Die zwei hochaufgerichteten Löwenstatuen vor dem Gebäude „Billbrookdeich 307“ aber haben tatsächlich eine Funktion: Sie hüten das goldgeschmückte Holztor, hinter dem ein zwei Meter hoher Buddha aus glänzendem weißen Stein lächelnd auf eine glückliche Zukunft weist. Auf dem dunkelroten Dach wird das goldene Rad mit acht Speichen als Zeichen des Buddhismus von zwei goldgleißenden Drachen geschützt. Es ist der Tempel der buddhistisch-vietnamesischen Gemeinde direkt an der Bille, mitten im Industriegebiet, und soll der einzige buddhistische Tempel in Europa sein, der unmittelbar am Wasser liegt.

„Bao Quang“ – übersetzt „Strahlendes Licht“ – heißt dieser Tempel, der in einer ehemaligen Lagerhalle von der Gemeinde in Eigenarbeit gebaut und 2008 eröffnet wurde. Viele Boatpeople, Geflüchtete aus Vietnam, waren dabei, als die Gemeinde

Barkassentour rund um das Inselparadies mitten in Hamburg: die Billerhuder Insel mit ihrer Kleingartenkolonie. Hafenschnackerin Maike Brunk leitet diese Touren so kenntnisreich wie unterhaltsam.

1984 in Hamburg gegründet wurde. 4000 Mitglieder zählt sie heute und Bao Quang ist ihr religiöses Zentrum. Der zenbuddhistischen Linie der „Lam-te-Schule“ wird hier gefolgt, der Tempel ist Sozial- und Kulturzentrum, um Traditionen aufrecht zu erhalten und zugleich Integration zu fördern. Er ist Platz für aktive Jugendarbeit und Kloster in einem.

Der Eingang zur Pagode liegt auf der Rückseite des Gebäudes, am Wasser mit eigenem Bootsanleger. Dreimal täglich halten die Nonnen Zeremonien ab. Besucher streifen die Schuhe im Vorraum ab und in der Tempelhalle einen Kittel über ihre Straßenkleidung. Im Tempel gibt es eine Fülle von Skulpturen, die von zwei großen goldenen Torwächtern geschützt wird: der eine grimmig, mit dämonischen Zügen, der andere freundlich auf sein Schwert gestützt. Sie sorgen dafür, dass das Böse symbolisch eingeschüchtert wird und dem Tempel fernbleibt. Je weiter man in das Innere des Tempels kommt, umso heiliger wird es: Sogenannte „Bodhisattva-Figuren“ als spirituelle Helfer in strahlendem Gold stehen hier, die Meditationsgottheit „Buddha Amitabha“ als Verkörperung des westlichen Paradieses, des „Reinen Landes“ mittendrin. „Quant e Am“, der Bodhisattva des Mitgefühls, sitzt gleich rechts neben der überragenden Buddhafigur „Shakyamuni“ aus schwerer Bronze. Auf einem Lotus ist die Statue in Meditation versunken. Eine Nonne hat dieses tonnenschwere Bildnis in Vietnam ausgesucht und dann per Container nach Hamburg exportieren lassen – an die Bille.

Weiter gen Innenstadt steht das alte Gebäude der ehemaligen „Kokosbutterfabrik Heermann“ von 1910 noch: ein Bau des „Architekten- und Ingenieurbüros Gustav Kraus“, das für viele der schönsten Industriebauten hier zeichnete, die leider trotz

So schön kann Binnenschifffahrt sein: maritimer Augenschmaus mit Stadtschwänen im Gewerbegebiet an der Bille, von der Blauen Brücke aus gesehen.

Das Leben ist ein ruhiger langer Fluss: Impression vor der Billerhuder Insel.

Denkmalschutz abgerissen wurden, um Platz für neue Gewerbebauten zu schaffen. Das Leben an der Bille ist eben in keiner Hinsicht ein Ponyhof. Der Wasserturm mit der auf fünf vor zwölf stehengebliebenen Uhr ist ein Wahrzeichen Billbrooks – in vielerlei Hinsicht. Der vielen Industriebetriebe wegen wurde die Bille in Billbrook auch gern als norddeutsche Wupper bezeichnet.

Den Billbrookdeich entlang findet sich in Nummer 43, das „Closed-Warehouse“. Eine der großen deutschen Bekleidungsfirmen hat hier ihren Sitz und veranstaltet immer wieder Outlets, die bei modebewussten Hanseaten den Rang gesellschaftlicher Events haben.

Gegenüber öffnet sich der Blick auf die Billerhuder Insel, eine Kleingartenkolonie mit knapp 600 Parzellen, die es in sich hat: 1907 wurde das dreiecksförmige Eiland mit seinen ansehnlichen 38 Hektar Größe künstlich angelegt und hat sich seither zu einem versteckten Kleinod der Hansestadt entwickelt. Auf dem Wasser finden sich alle Formen und Größen von Booten wie in einer Mittelmeermarina. Dahinter säuberlich gestutztes und geformtes Grün der Schrebergärten, die hier zum Teil in Dauernutzung sind: 56 Familien leben hier, haben das höchst begehrte Privileg aus der Nachkriegszeit übernommen und vererbt. „Strandweg West", „Strandweg Ost" heißen die Adressen, es duftet nach Sand und Sonnencreme, Kinderlachen und Planschgeräusche ertönen – zumindest in der Fantasie. Ein Paradies mit achtzig Ufergrundstücken – Jahrespacht inklusive Vereinsbeitrag zwischen 300 und 350 Euro im Jahr, versteht sich, dass die Wartelisten auf Parzellen lang sind, wenn der „Garten Eden" so erschwinglich ist.

Der Mittelkanal in Hammerbrook bringt einen Hauch von Venedig an die Bille: Vor den Häusern braust der Verkehr auf der Eiffestraße.

Bootslagerung in Billbrook – im Hintergrund mit Hamburg-Flagge: die Türme des Störtebeker-Hauses

Die Hölle ist nicht weit: Das Schulgebäude Bullenhusener Damm ist der Ort des grausamen Kriegsverbrechens, das die SS an zwanzig jüdischen Kindern im Alter von fünf bis zwölf Jahren verübte. Die Kinder wurden vom Arzt Kurt Heißmeyer für pseudomedizinische Experimente zur Tuberkoloseforschung missbraucht. Um die Verbrechen vor den heranrückenden britischen Truppen zu vertuschen, wurden sie mit ihren vier Pflegern im Keller des Gebäudes brutal ermordet. Mindestens 24 sowjetische Kriegsgefangene wurden dort in derselben Nacht ebenfalls umgebracht. Die Morde wurden 1946 in den Hamburger Curiohaus-Prozessen rekonstruiert und fünf SS-Männer, die in der Tatnacht am Bullenhuser Damm waren, durch das britische Militärgericht verurteilt und hingerichtet. Die Schule wurde 1948 wiedereröffnet. 1980 wurde sie zur Gedenkstätte erklärt und nach dem ermordeten polnischen Kinderarzt, Erzieher, Schriftsteller und Waisenhausgründer Janusz Korczak benannt. Er hat „seine“ jüdischen Waisenkinder am 5. August 1942 im Warschauer Ghetto zum Bahnhof begleitet: zum Zug in das Vernichtungslager Treblinka. Der Bahnhofskommandant bot dem berühmten Mann die Rettung an, doch Janusz Korczak antwortete: „Sie irren sich, nicht jeder ist ein Schuft“, und fährt gemeinsam mit den Kindern in die Gaskammern des Konzentrationslagers.

Dem Journalisten Günter Schwarberg ist es mit seinen Publikationen und Recherchen gelungen, die Namen der Kinder vor dem Vergessen zu bewahren und die Erinnerung an das Verbrechen wachzuhalten. Eine Dauerausstellung informiert über den Ort als Schule und Außenstelle des KZ-Neuengamme. Im Rosengarten können die Besucher Rosen zum Gedenken an die Ermordeten pflanzen, seit 1985 erinnert dort auch eine Bronzeplastik an die sowjetischen Häftlinge.

An der Bille trifft alles zusammen: Wie aus der Zeit gefallen wirkt das Störtebeker-Haus als gegenwärtige Kopie traditioneller hanseatischer Kontorhausarchitektur und „Trutzburg gegen jede Form von Mittelstandsbenachteiligung“ – so der Bauherr. Eine Marmorsäule mit goldener Hansekogge darauf, davor und unter der großen Uhr ein Glockenspiel, zu dessen Klang jeweils mittags um kurz vor zwölf Störtebeker und seine Viktualienbrüder lossegeln, um in der Folge zu den mittäglichen Glockenschlägen geköpft zu werden. Eine Ecke weiter der Groß-Puff namens „Babylon“, der „Beachatmosphäre mit Wellnessmassagen für alle“ anbietet, und die Fabrik der Künste, als sei es wie einst am Pariser Montmartre, wo Toulouse-Lautrec die Szenerie in Kneipen und Boudoirs kunstvoll verewigte.

Das „Babylon“ sei als Zielort denen vorbehalten, die derartiges Vergnügen suchen, die Fabrik der Künste bietet gänzlich andere

und nicht weniger Reize mitten im Industriegebiet Hamburg-Hamm. Ein ungewöhnlicher Ort in außergewöhnlicher Nachbarschaft: In ihren großzügigen, hellen Räumen auf zwei Stockwerken präsentiert die gemeinnützige Kulturstätte eine so bunte wie mitreißende Mischung von bildender Kunst, Malerei, Schauspiel, Gesang, Lesungen und Tanz aus dem In- und Ausland. Joachim Kühn konzertiert hier, Kunstfälschung und Mode sind Themen in der Fabrik. Ob Cartoons begnadeter Humoristen oder Schlampen in Art-Raum für Experimente findet sich auf den 500 Quadratmetern immer.

Arrivierte Künstler wie Albert Schindehütte, Willi Sitte, Bruno Bruni, der große Symbolist Ernst Fuchs oder Ex-HSV-Torwart Rudi Kargus haben hier schon ausgestellt und zu Abenteuerreisen des Auges und der Sinne geladen. Offenheit ist das Prinzip der Institution, die seit 2007 die Hamburger Kulturszene bereichert.

Das „Kraftwerk Bille“ ist ebenfalls ein Energiespender für die Kulturlandschaft der Stadt. 1898 wurde der Klinkerbau als Kohlekraftwerk errichtet und ging 1901 ans Netz. Kessel- und Turbinenhalle, Zählerwerk, Werkstatt- und Verwaltungsgebäude, das Kraftwerk ist ein großer Gebäudekomplex mit ebenso großem Nutzungspotential bis unter die nur 1,60 Meter hohen Deckenräume, in denen Nähereien untergebracht waren. Ab den 1950er Jahren beginnt die Nachnutzung des Kraftwerks, Künstler siedeln sich an, eröffnen Ateliers, Theaterperformances finden statt, Ausstellungen, der Bau wird als Filmkulisse genutzt, ein Automuseum zieht für eine Zeit lang ein, ein innovatives Wirtschaftsmagazin findet hier sein kreativ

Fabrik der Künste: Auf zwei Stockwerken gibt es Gegenwartskunst satt. Hier zu sehen sind Holzschnitte, Radierungen und Zeichnungen von Ali Schindehütte.

pulsierendes Umfeld. Das alte Backsteingemäuer ist weinumrankt – „Hamburgs schönsten Abenteuerspielplatz“ hat es die Presse einmal genannt – aus dem Kraftwerk wurde ein Kunstwerk direkt an der Bille, das jetzt auch vom Bund mit fünf Millionen Euro gefördert wird. Zum Kulturstandort nationaler Bedeutung soll das Werk wachsen, dann wird es mit Sicherheit auch das lang geplante „Pontoncafé“ auf dem Fluss geben …

Selbst die Burgerbraterei mit den großen goldenen Bogen zollt der Bille ihren Tribut: Von Wasserseite aus lässt sich am Mittelkanal der Anleger per Boot, Kanu oder SUP ansteuern und bei McBoat ordern, einmalig – nicht nur für Hamburg. Das Kanalsystem hier stammt übrigens aus dem Jahr 1840 und wurde von William Lindley, dem genialen Ingenieur, Erfinder und Baumeister des Wasserversorgungssystems der Stadt entworfen. Dessen Stadtarchitektur trifft eine Ecke weiter auf prägende Architektur der Gegenwart.

„Eine Stadt muss Geschichten erzählen“, sagt der Architekt Hadi Teherani. Das gleich mehrfach preisgekrönte Bürohaus „Berliner Bogen“ seiner Firma „Bothe Richter Teherani“ am Hochwasserbassin ist da ausgesprochen beredt: Es scheint über dem Wasser zu schweben in seiner grandiosen Rundung aus Stahl und Glas: 140 Meter überspannt der Bau das Bassin, 22 bis zu 33 Meter hohe Stahlträger tragen das Gebäude – ein Eyecatcher. Als erste deutsche Immobilie erhielt das „Landmark Building“ den „MIPIM Award“ in Cannes und den Architektur Oscar „Nepix Building-Award“ in Kopenhagen.

Eine Kolonie von großzügig ausgestatteten Hausbooten, die eher ausgewachsenen Immobilien ähneln als seetüchtigen Hei-

Die Bille mit Hamburger Skyline von Rothenburgsort betrachtet – hier fließt sie am breitesten.

Immer fein markiert, die farbigen Billebrücken – von der Grünen Brücke geht der Blick auf die Billstraße.

men, schließt auf dem Hochwasserbassin an: Wohnen und Arbeiten auf dem Wasser in seiner luxuriösen Form, ganz anders als rund um die Billerhuder Insel. Am Südkanal ist die ehemalige Schokoladenfabrik mit ihren Backsteinfassaden von 1908 zu sehen. Auf deren modernisierten Stockwerken geht es nach wie vor um die süßen Seiten des Lebens: Gewerbelofts, Fotostudios und Wohnateliers finden sich hier. Gegenüber stehen Stadtangler in der kleinen ruppig-struppigen Parkanlage und hoffen auf Zander, Hecht, Karpfen, Schlei, Rotauge oder Brasse.

Es folgen gleich über die Süderstraße 4 500 Quadratmeter Möglichkeiten: Der ehemalige Betriebshof der Wasserwerke an der Süderstraße wird vom Verein „Kulturelles Neuland“ zum Südpol erklärt und gestaltet. Sein emanzipatorisches Prinzip, Techno von Freitag bis weit in den Montagmorgen hinein und preiswertes Bier, sind die eine Seite des Projekts, das sich bewusst nicht an Gewinn orientiert. Atelierraum zu fairen Preisen, Diskussionen, Performances, Filmschauen, Konzerte und Schallplattenproduktionen in bestem Vinyl runden das Spektrum noch lange nicht ab – mit Grün- und Fantasieflächen bis hinunter an das Billeufer wirbt der Südpol-Teil des Alster-Elbe-Bille-Grünzugs. Die „Initiative Parks" besorgt die nachhaltige urbane Öffnung des ehemaligen Recyclinghofs nebenan: Beton, Grün und Wurzelwerk im spielerischen Miteinander, und all das als Punktsieg der guten Laune. Mehr geht kaum, findet sich aber im „Südpol" mit köstlichem Mittagstisch und Hamburgs ersten öffentlichen Kompoletten. Der Ort der Zukunft ist da – mitten im Jetzt an der Bille.

Die hat nur noch eine kurze Strecke zum Hafen – mit einem kleinen Schlenker lässt sich dem Billebecken an der grünen Brücke, die es in all ihren Veränderungen auch schon seit 1626 gibt, gleich um die Ecke vom TÜV mit entsprechenden Imbissmöglichkeiten für schnell und satt ein Besuch abstatten. „Das beste Ruderrevier Hamburgs, ruhig, windgeschützt", sagt einer, der es definitiv wissen muss: der fünffache Einer-Weltmeister und dreifache Silbermedaillengewinner bei Olympiaden, Peter Michael Kolbe. Als 12-Jähriger lebte er beim „Hammerdeicher Ruderverein von 1893" am Billebecken seine Sehnsucht nach dem Wasser aus: „Als ich in den Verein eintrat, gab es da noch nicht einmal einen Einer, geschweige denn ein modernes Rennboot", erinnert er sich an die Anfänge bei dem kleinen Arbeitersportverein gleich um die Ecke von seinem Elternhaus in Hammerbrook. Rudern ist seit jeher schwer angesagt in der Billeecke. Bis zu 12 Vereine gab es zeitweise. Der „Biller Ruder Club von 1883" wurde an der grünen Brücke gegründet, residiert heute an der Billerhuder Insel: Als „Theodor von der Bille" ehrte er vor seiner Umbenennung in der jungen Industrielandschaft den spendabelsten unter den Clubgründern. Der „Ruderverein Bille“ blickt auf eine kaum jüngere Geschichte zurück: 1896 wurde er als „Biller Ruderclub Palmyra“ gegründet und hat sein Clubhaus direkt an der Grünen Brücke, mit Blick auf die Mitbewerber vom „Hammerdeicher Verein“ am Ufer gegenüber.

Alljährlich am zweiten Sonnabend im Oktober ruft der „Verein Bille“ zur berühmt-berüchtigten „Matjesregatta“ auf, dem bummelig vier Kilometer langen Rundkurs um die Billerhuder Insel. Der „Matjespokal“ und der „Formel-S-Pokal“ werden da mit großem Hallo ausgefochten und der Sieg gehörig gefeiert. Womit wohl ...? Eine Publikumsattraktion für Auge und Magen – Schinkenbrot gibt es auf Vorbestellung als Fischersatz ...

Über den Billwerder Steindamm und den Billhorner Deich gelangt man zur Billstraße, einer Welt für sich, die die Sinne spontan auf andere Kontinente führt. Was immer des Menschen Begehr sein mag – hier findet er es mit vollkommener Sicherheit, in jedem Alter und allen vorstellbaren Zuständen, vom Beamer bis zur Soundmaschine, von der Turbine bis zum E-Fahrrad, von allerlei elektrischen Helfern für den Hausgebrauch und Großmöbeln oder gebrauchten Matratzen einmal gänzlich abgesehen. Es ist der schrägste und größte Basar der Stadt, mittendrin ein paar Imbisse, die als vertrauenserweckende Maßnahme Namen wie „Schlemmerkiste“ tragen. Fotografieren wird nicht allzu gern gesehen, so wenig, wie sich übersehen lässt, woher die Handelsware eigentlich stammt. Weltstadtgefühl überkontinental. Ein paar hundert Meter weiter mit Blick auf das Billebecken, das den Ruderverein beherbergt, liegt in einem Hinterhof neben einem Schrottplatz der Tempel von Hamburgs ältester Hindugemeinde. Flüchtlinge aus Afghanistan haben ihn 1991 gegründet. Ein Betonzweckbau, wie so viele hier, gelb gestrichen, schmucklos, unauffällig. Im Inneren werden die Götter Shiva, Rama und Krishna verehrt.

Räucherstäbchenduft, ungezählte Teppiche auf dem Boden und bald ebenso viele in reich verzierte Kleider gehüllte Gottheiten stehen da. Die Menschen werden gespeist mit Köstlichkeiten aus der vegetarischen Garküche – die Besucher sollen dem Hinduismus, der Meditation und der indischen Mythologie nahekommen können. Das gelingt am ehesten, wenn sie Ruhe in sich selbst finden. Hier an der Billstraße ist durchaus der Ort dafür. 365 Tage im Jahr ist der Tempel geöffnet und alle wesentlichen Feste wie „Diwali" oder „Holi" werden hier gefeiert. Religion und Bräuche lassen sich hautnah miterleben und erfahren. Glaubensgemeinschaft oder Weltanschauung spielt keine Rolle, im Hindutempel ist jeder Mensch willkommen, Ganges und Bille fließen ineinander.

Das Kontrastprogramm findet sich unweit, die Gottheiten, denen man dort huldigt, sind aus Blech, Chrom und in der Norm vierrädrig: die Großtankstelle Brandshof zwischen dem Billhor-

Die Brandshofer Schleuse: Hier trifft die Bille auf den Oberhafenkanal und damit auf die Elbe – zum Hafen sind es nur noch ein paar Aal-Längen weit.

ner Kanal und dem Billhafen verkauft kein Benzin, aber ist Anlaufstelle für Oldtimerfans und ihre automobilen Kostbarkeiten. Die werden hier im restaurierten Interieur im Look der 1950er Jahre fachmännisch in Schuss gebracht und mit TÜV versehen. Zeit für Benzintalk zwischen denen von der Tankstelle, ihrem Kundenstamm und Fans ist stets vorhanden, Paradieren der Karrossen eingeschlossen, rund um die originalgetreuen, wenngleich funktionslosen Gasolin-Zapfsäulen.

Die Tankanlage wurde 1983 stillgelegt als die S-Bahntrasse über sie geführt wurde, die Tankstelle selbst stammt aus dem Jahr 1953 und steht unter Denkmalschutz. Als Modellbausatz im Maßstab H0 ist sie erhältlich und ein besonderes Andenken an erfahrene und erlebte Billefreuden. Zugleich ist sie der Ort, stilvoll Abschied zu nehmen von dem Fluss mit den vielen Gesichtern. Mit echtem Bohnenkaffee, wie die Karte verspricht, mit reellen Speisen und hausgemachten Kuchen. Gleich nebenan ist die Brandshofer Schleuse und da treffen die Bille und der Oberhafenkanal aufeinander: die Bille fließt in die Elbe, im Hafen, im Herzen der Stadt. Auch so prägt sie Hamburg, schnoddrig da – ganz einfach. Was auch sonst?

Keine Bille mehr, aber Billewasser drin:
der Hamburger Oberhafen mit HafenCity und Kirchturmpanorama

Auf einen Blick
Übersicht der im Text erwähnten Museen, Sehenswürdigkeiten, Gedenkstätten, Institutionen, Restaurants, Cafés, Landgasthöfe, Hofläden und sonstigen Tipps ...

Kapitel 1

Taverna Marina
Hauptstraße 25, 22959 Linau
T. 04154 8981848
taverna-marina-linau.de

Landmuseum Linau: Vun Hus un Hoff
Linau-Busch 1, 22959 Linau
T. 04154 58105
log-linau.de/unser-museum

Vogelfängerkaten
Vogelfängerkaten 1, 22959 Linau
T. 04154 795744
vogelfaengerkaten.de

Landgasthof Stahmer
Haus 6, 22946 Hohenfelde
T. 04154 5048
landgasthof-stahmer.de

Dörpskroog
Billenhof 2
22929 Köthel / Lauenburg
T. 04159 8329956
doerpskroog-koethel.de

Hamfelder Hof
Dorfstraße 35, 21493 Mühlenrade
T. 04159 8239058
hamfelderhof.de

Gasthof Hamester
Hauptstr. 24, 21493 Basthorst
T. 04159 335
hotel-pirsch-muehle.de

Gut Basthorst
Auf dem Gut 3, 21493 Basthorst
T. 04159 82520
gut-basthorst.de

St.-Marien-Kirche Basthorst
An der Kirche 5, 21493 Basthorst
T. 04159 338
kirche-basthorst.de

Kulturzentrum Wassermühle Trittau
Am Mühlenteich 3, 22946 Trittau
T. 04154 8079-85 / -86
wassermuehletrittau.de

Gasthof Unter den Linden
Dorfstraße 23, 22956 Grönwohld
T. 0170 4136096

Moonshiner
Zum Mönchsteich 1, 22946 Trittau
T. 04154 8986998
moonshinereatbu.com

Seehof am Lütjensee
Seeredder 22–25, 22952 Lütjensee
T. 04154 70070
seehof-luetjensee.de

Kapitel 2

Il Caminetto Ristorante Italiano
Im Hotel Grander Mühle
Lauenburger Straße 1
22958 Kuddewörde
T. 04154 9995120
il-caminetto.net

Hotel Grander Mühle
Lauenburger Str. 1
22958 Kuddewörde
T. 04154 81021
grandermuehle.de

Andreaskirche
Ev.-Luth. Kirchengemeinde Kuddewörde
Am Brink 2, 22958 Kuddewörde
T. 04154 2553
kirche-kuddewoerde.de

Grander Katenschinken
Papendorfer Straße 4
22946 Brunsbek
T. 04107 88920
katenschinken.de

Kapitel 3

Otto-von-Bismarck-Stiftung
Am Bahnhof 2, 21521 Friedrichsruh
T. 04104 97710
bismarck-stiftung.de

Harlekin Restaurant – Pizzeria
Bahnhofstraße 2, 21521 Aumühle
T. 04104 695479
harlekin-aumühle.de

Ristorante Hotel Italia
Am Mühlenteich 3, 21521 Aumühle
T. 04104 97880
ristorante-italia.eatbu.com

Waldes Ruh am See
Am Mühlenteich 2, 21521 Aumühle
04104 69530
waldesruh-am-see.de

Fürst Bismarck Mühle
Mühlenweg 3, 21521 Aumühle
T. 04104 2028
bismarck-muehle.com

Eisenbahnmuseum Lokschuppen Aumühle
Am Mühlenteich, 21521 Aumühle
T. 04104 9639208
vvm-museumsbahn.de

Garten der Schmetterlinge
Am Schloßteich 8, 21521 Aumühle
T. 04104 6037
gartenderschmetterlinge.de

Forsthaus Friedrichsruh
Ödendorfer Weg 5, 21521 Aumühle
T. 04104 6992899
forsthausfriedrichsruh.de

Kletterpark Schnurstracks Sachsenwald
Holzhof 2, 21521 Aumühle
T. 04104 9071511
schnurstracks-kletterparks.de

Kapitel 4

Niemann's Gasthof (nur noch Hotel)
Silk 5, 21465 Reinbek
T. 04104 2391
niemanns-gasthof.de

Restaurant Zur Mühle
Mühlenweg 1, 21465 Reinbek
T. 040 72810538
hannemanns-muehle.de

Waldhaus Reinbek
Loddenallee 2, 21465 Reinbek
T. 040 727520
waldhaus.de

Kapitel 5

Bringezu im Reinbeker Schloss
Schloßstraße 5, 21465 Reinbek
T. 040 73093030
bringezu-schloss.de

Schloss Reinbek
Schloßstrasse 5, 21465 Reinbek
T. 040 72750811
schloss-reinbek.de

Tourist Information im Schloss Reinbek
Schloßstraße 5, 21465 Reinbek
Tel 040 72750811
schloss-reinbek.de

Freunde des Schlosses Reinbek e. V.
Schloßstraße 5, 21465 Reinbek
schloss-reinbek.de

Kapitel 6

ATG Alster-Touristik
Anleger Jungfernstieg
20354 Hamburg
T. 040 3574240
alstertouristik.de

Bergedorfer Schifffahrtslinie
Alte Holstenstraße 64
21029 Hamburg
T. 040 73675690
bergedorfer-schifffahrtslinie.de

Die Eselei
Brookdeich 288, 21029 Hamburg
T. 040 72977051
dieeselei.de

In aller Munde – Restaurant-Bar-Event
(im Bergedorfer Schloss)
Bergedorfer Schlossstraße 4
21029 Hamburg
inallermunde.hamburg

Bootshaus Bergedorf
Schillerufer 41, 21029 Hamburg
T. 0175 1507724
bootshaus-bergedorf.com

Café Meinz Minigolf Bergedorf
Schillerufer 10, 21029 Hamburg
T. 0176 43720179
cafemeinz.de

Bille Bad, Bäderland
Reetwerder 25
21029 Hamburg-Bergedorf
T. 040 188890
baederland.de

Locanda Riva Restaurante
Schillerufer 41, 21029 Hamburg
T. 040 75111933
locanda-riva.de

Café Chrysander
Chrysanderstr. 61, 21029 Hamburg
(gegenüber Haus Nr. 22)
T. 040 38073657
cafe-chrysander.de

Ev.-Lutherische Kirchengemeinde St. Petri und Pauli
Bergedorfer Schloßstraße 2
21029 Hamburg
T. 040 7214460
stpetriundpauli-bergedorf.de

Block House (im historischen Gasthaus Stadt Hamburg)
Sachsentor 2, 21029 Hamburg
T. 040 7217171
block-house.de

Bergedorfer Wochenmarkt
Chrysanderstraße, 21029 Hamburg
Di 8–13 Uhr und Fr 8–14 Uhr

Kapitel 7

Hof Neun Linden
Billwerder Billdeich 480
21033 Hamburg
T. 040 73928199
hof-neun-linden.de

Restaurant Dorfkrug
Boberger Furtweg 1, 21033 Hamburg
T. 040 7398190
dorfkrug-boberg.de

Boberger Dünenhaus
Boberger Furt 50, 21033 Hamburg
T. 040 73931266
loki-schmidt-stiftung.de/boberg

Hamburger Aero-Club Boberg e. V.
Weidemoor 21, 21033 Hamburg
T. 040 7394334
hac-boberg.de

Hamburger Verein für Luftfahrt e. V.
Weidemoor 23, 21033 Hamburg
T. 040 7394849
hvl-boberg.de

Alte Deichkate
Billwerder Billdeich 256
21033 Hamburg
T. 040 73677050
altedeichkate.de

St. Nikolai zu Billwerder
Billwerder Billdeich 142
22113 Hamburg
T. 040 7340775
kirche-billwerder.de

Deutsches Maler- und Lackierer-Museum
Billwerder Billdeich 72
22113 Hamburg
T. 040 7338706
malermuseum.de

Kapitel 8

Pagode Bao Quang
Billbrookdeich 307, 22113 Hamburg
T. 040 32961520
baoquang.de

Gedenkstätte Bullenhuser Damm
Bullenhuser Damm 92
20539 Hamburg
T. 040 428131500
bullenhuser-damm.gedenkstaetten-hamburg.de

Fabrik der Künste
Kreuzbrook 10/12, 20537 Hamburg
T. 040 86685717
fabrikderkuenste.de

Kraftwerk Bille Hamburg
Bullerdeich 12–14, 20537 Hamburg
T. 040 25307050
kraftwerkbille.com

Südpol
Süderstraße 112, 20537 Hamburg
suedpol.org

Maike Brunk Barkassenfahrten Hamburger Elbinsel-Tour
Lindleystr. 2, 20539 Hamburg
T. 040 27886998
elbinsel-tour.de

Bergedorfer Schifffahrtslinie
Alte Holstenstraße 64
21029 Hamburg
T. 040 73675690
bergedorfer-schifffahrtslinie.de

Busline 112 HVV
T. 040 19449
hvv.de

Impressum

Bibliografische Information der Deutschen Nationalbibliothek
Die Deutsche Nationalbibliothek verzeichnet diese Publikation in der Deutschen Nationalbibliografie; detaillierte bibliografische Daten sind im Internet abrufbar.

ISBN 978-3-8319-0789-2

2. Auflage 2022

Autoren und Verlag bedanken sich bei den Freunden des Schlosses Reinbek e.V. für die Unterstützung dieses Buchprojekts.

Alle Angaben in diesem Buch sind gewissenhaft geprüft. Preise, Öffnungszeiten etc. können sich aber schnell ändern. Daher können Autoren und Verlag keine Gewähr für die Richtigkeit übernehmen. Für Anregungen, Berichtigungen und Ergänzungsvorschläge sind wir dankbar. Bitte senden Sie diese an:

Ellert & Richter Verlag
Borselstraße 16 C, 22765 Hamburg
info@ellert-richter.de

Text und Bildlegenden: Jan Peter Gehrckens, Hamburg
Fotografie: Michael Zapf, Hamburg
Korrektorat: Sophia Magura, Wohltorf
Gestaltung: BrücknerAping Büro für Gestaltung, Bremen
Kartenmaterial: (c) OpenStreetMap.org
Gesamtherstellung: Drukarnia Skleniarz, Krakau